我
们
一
起
解
决
问
题

人力资源管理创新丛书

当 HR 遇见 AI

用人工智能重新定义人力资源管理

王崇良　黄秋钧◎著

人民邮电出版社

北　京

图书在版编目（CIP）数据

当HR遇见AI ：用人工智能重新定义人力资源管理 /
王崇良，黄秋钧著. -- 北京 ：人民邮电出版社，2022.7
（人力资源管理创新丛书）
ISBN 978-7-115-59287-3

Ⅰ．①当… Ⅱ．①王… ②黄… Ⅲ．①人工智能－应
用－人力资源管理 Ⅳ．①F243-39

中国版本图书馆CIP数据核字(2022)第082748号

内 容 提 要

随着人工智能在人力资源领域的应用，人力资源管理工作逐渐呈现出移动化、数字化、智能化等特点，很多重复性、标准化的工作已由人工智能或机器人完成。人工智能与大数据技术极大地提升了人力资源工作的效率和用户体验，改变了人力资源从业者传统的工作方式，为企业管理者做出经营性决策提供了有效的建议。

人工智能（Artificial Intelligence，AI）是研发、模拟和扩展人类智能的新科学。本书作者多年来在知名企业从事人力资源与数字化的研究和实践工作，积累了丰富的实战经验，他在书中概述了人工智能在人力资源管理工作中的应用场景，详述了人工智能在招聘与入职、人力成本预算、人才发展、员工离职预测、组织分析、敏捷绩效与薪酬福利等细分领域的使用技巧，以及百度公司、阿里巴巴公司和腾讯公司等的实际操作案例。

本书适合企业管理者、人力资源从业者、企业数字化项目负责人、企业数字系统负责人和对人工智能、机器学习等感兴趣的读者阅读。

◆ 著 王崇良 黄秋钧
责任编辑 刘 盈
责任印制 彭志环

◆ 人民邮电出版社出版发行 北京市丰台区成寿寺路 11 号
邮编 100164 电子邮件 315@ptpress.com.cn
网址 https://www.ptpress.com.cn
天津千鹤文化传播有限公司印刷

◆ 开本：720×960 1/16
印张：16 2022 年 7 月第 1 版
字数：120 千字 2025 年 3 月天津第 15 次印刷

定 价：69.00 元
读者服务热线：（010）81055656 印装质量热线：（010）81055316
反盗版热线：（010）81055315

序言一

我国人力资源管理的智能时代已经来临

一、我国人力资源管理的发展速度越来越快

改革开放 40 多年来，我国人力资源管理发生了翻天覆地的变化。

在改革开放早期，我们处在人力资源管理的"人事时代"，还不是纯粹的人力资源管理。1983 年，中国人民大学与当时的国家劳动人事部成立了劳动人事学院。1992 年，欧美企业特别是美资企业带着很多先进的管理理念在我国建立了分公司或办事处。与此同时，老一辈的人力资源从业者把人力资源的概念、理论介绍到国内，并提出了"六大模块"的概念。

1993 年，我国颁布了《中华人民共和国公司法》。1995 年，我国又施行了《中华人民共和国劳动法》。直到 1993 年，中国人民大学劳动人事学院才有了人力资源专业。

1997 年底，人力资源管理领域的大师戴维·尤里奇出版了一本书，他在书中为人力资源管理工作画了四个象限，以此支撑战略人力资源的理念。后来的研究者从战略人力资源引申出了所谓的"三支柱理论"，三支柱是对四象限的重新分配。现在，人力资源管理已经从"六大模块"变成了"三支柱"。同时，

我国的一些知名企业如华为、百度、阿里巴巴、腾讯、联想也已经有了一些不错的人力资源管理实践。

二、人力资源管理的智能时代即将到来

随着大数据、云计算等新技术的快速发展与应用，我认为人力资源管理的智能时代即将到来。

第一，新技术的不断出现。由于新技术的驱动，我们已经进入了数字化的时代。

第二，海量数据的产生。数字化带来的后果就是产生了海量的数据，除了结构化数据，很多非结构化数据通过技术手段（如数据的交互、存储、调用、清洗加工等）也被改变成了结构化数据。

第三，新冠肺炎疫情的出现。虽然疫情给人们的生活和工作带来了巨大的冲击，但是换个角度看，它也在一定程度上加快了数字化转型的步伐。

第四，一大批优秀的数字化企业开始成长壮大。我国有很多像百度、阿里巴巴、腾讯这样的优秀企业，它们正在引领时代进步，把数据实践变得更加智能。

三、人力资源的智能化管理能解决 CEO 们关注的核心问题

人力资源的智能化管理能解决哪些问题呢？我认为，它能解决 CEO 们做梦都想解决的以下问题：

1. 解决好适配的问题，最好的人，最适配的人，是否穷举了？

2. 培养谁，如何培养，谁是最有潜力的人，谁能领军？

3. 谁的贡献意愿强，谁会陪伴企业共同成长，谁会走，谁会留？

4. 谁的贡献大，谁的价值高？

5. 哪个组织的创新能力强，哪个组织更有战斗力？

6. 哪个组织的发展比较稳定，哪个组织的运营风险高？

7. 哪个组织的企业文化好，哪个群体能够出英雄？

8. 企业战略是否落地，员工是否认同？

针对以上问题，过去企业管理者或人力资源管理者只能依靠观察或者以心理学为基础设计调查问卷寻求答案。但是，被调查者的回答往往是经过加工的，其真实性必然会受到一定的影响。

智能时代的人力资源管理则能够解决上述问题，因为数据和算法会告诉你答案。

四、智能时代的人力资源管理会加入越来越多的科学元素

在人力资源管理的智能时代，人工智能让人力资源管理融入了更多的科学元素，以数据科学为基础对服务进行判断。

智能时代把科学管理和人性管理有机地结合了起来，今后高校的人力资源管理专业完全可以被归为理科或新文科，"新"就是加入了数据和智能化的内容。

我曾和一位心理学家聊起如何让 HR 从业者拿到更高的工资，如何让人力资源专业有更高的含金量。他说过去心理学领域也曾面临这样的窘境，大家都觉得学心理学没什么技术含量，但现在社会已对其彻底改变了认知。我认为，从现在开始，各大院校对人力资源管理专业的教学也要加入数据元素和科学元素。这样坚持 10 年、20 年，人力资源管理专业的门槛和含金量才会更高，人力资源从业者才能够挣到更高的工资，人力资源管理才能成为一个备受尊重的

职业，这也是我一直在倡导的。

未来，在人才、组织、思想的三要素中，人力资源管理数据中台会起到越来越重要的作用。COE（专家中心）一定会被大数据赋能或提升，HRBP（人力资源业务伙伴）也会变得越来越强大。"数据中台 +HRBP"的模式将成为人力资源管理的发展趋势。只有做好数据资源管理，HRBP 才能拥有更有力的"武器"，才提升企业发展的战略协同性。因此，人力资源管理从业者需要提升自身的智能思维和数据化能力。

让我们共同走进人力资源智能管理的新时代吧。

刘辉

青贝克公司（KMC）创始人兼首席执行官

中国人力资源开发研究会副会长、智能分会会长

前百度公司人力资源和行政管理高级副总裁

前摩托罗拉公司全球人力资源副总裁

序言二

人才管理工作将走向智能化的新时代

随着大数据、云计算、区块链等新技术的迅猛发展，人才管理工作下一步将走向何方？我的判断是它将走向智能化。从人才描述到人才预测，再到人才决策的全链条，都离不开数据的应用，那将是一个与今天人才管理工作迥然相异的新景观。

请看以下三组数据：一是2018年我国共有94万台机器人，占全球机器人总量的26.9%；二是到2019年2月，我国共有745家从事人工智能研发工作的企业，已占世界人工智能企业总数（3 438家）的21.67%，仅次于排名第一的美国（美国有1 446家人工智能企业，占比为42.06%）；三是据我国教育部门测算，我国人工智能专业的人才缺口超过500万，国内供求比高达1∶10，社会对人工智能人才的需求正在急剧上升。

以上数据足以证明，人工智能将在我国企业信息化建设的过程中扮演重要角色，它也将对人才管理工作产生重大而深远的影响。换言之，人才管理工作将走向"人＋智能化"的阶段。未来，从事人才管理工作的不仅有人，还会有人工智能产品、机器人的参与。各种与人才有关的软件、算法、模型会大量涌现，人才管理工作将更加精准、快捷、高效。

当前，人才管理工作者最需要做哪些工作呢？

首先，掌握大数据思维，从思维方式上适应这个新时代。

大数据思维有四个特征：一是定量，认为一切皆可测量，可描述；二是相关，认为一切皆可连接、可相知；三是实验，认为一切皆可尝试、可开拓；四是预测，认为一切皆可预测。

其次，提前认识到智能化时代对我们提出的人才素质新要求。

有国外学者指出，进入智能化时代后，人才管理工作者需要具备的素质有以下五条：一是高度适应 VUCA（易变性、不确定性、复杂性、模糊性）时代的新环境，能使自己的情绪不受环境变化的影响；二是能够高效处理信息；三是能够以跨界思维实现持续创新；四是具备以客户为中心的思维；五是具有学习敏锐度，能够保持对应知、应学内容的敏感性，以及反应的敏捷性。

有学者指出，未来在人才管理工作领域将会有机器人及人工智能产品的介入。那么，与机器人相比，谁更聪明？谁更能干呢？

我可以负责任地告诉你：

（1）在工作快捷性和准确性方面，你肯定不如机器人；

（2）在工作质量上，机器人很容易超越你；

（3）在情感、抱负、想象力等方面，你比机器人有优势；

（4）机器人能够发现你发现不了的问题；

（5）机器人能够完成你完成不了的任务；

（6）你需要得到机器人的帮助，同机器人一起工作。

总之，希望你不要成为被机器人替代的人。

可见，在逻辑思维、知识记忆与信息搜索、思维的快捷性等方面，人类不如机器人；但是在想象力、同情心、意志力等方面，人类优胜于机器人。所以，如果未来人能够与机器人一起上班、协同工作，往往会产生更好的效果。

智能化不仅反映在机器人的工作能力上，而且表现在更为广泛的范畴上。

　　我的一位"海归"朋友能够利用网络爬虫技术，帮助任何一个区域的管理者快速绘制出那里的人才需求地图。另一位供职于著名网络公司的朋友则能够制造"数据孪生公司"，利用这个虚拟的公司探索该公司人才结构的优化之路。现在，有的组织已经开始利用大数据预测人才、规划人才，加强本组织的人才队伍建设。

　　今天的人才管理工作者应该明白，未来，从人才发现到人才配置、使用、培养、评价、激励、流动等人才管理工作的各个环节都会发生变化。到那时，人才发现的时空压缩、人才培养的个性凸显、人才考核的及时与前置、人才流动方式的变化与通畅，都将使今天的我们惊讶不已。

　　大河奔腾不息，未来已经到来。让我们张开双臂，迎接智能化人才新时代的到来！

王通讯

原中国人事科学研究院院长兼人事与人才研究所所长

上海交通大学兼职教授

首都经济贸易大学博士生导师

中国人才研究会副会长、秘书长

目　录

第一章　人工智能在人力资源中的应用场景

第二章　人工智能在选才环节的应用

第三章　人工智能在用才环节的应用

第四章　人工智能在育才环节的应用

第五章　人工智能在留才环节的应用

第六章　组织分析与组织画像

第七章　人工智能时代的三支柱模型

第八章　建设智慧 HR 平台，助力业务转型

第一章
人工智能在人力资源中的应用场景

1956 年夏，麦卡锡、明斯基等科学家在美国达特茅斯学院开会研讨"如何用机器模拟人的智能"时首次提出了"人工智能"（Artificial Intelligence，AI）的概念。

　　人工智能是研发、模拟和扩展人类智能的新科学。科学家们研究人工智能的目的是促使智能机器会听（如语音识别、机器翻译等）、会看（如图像识别、文字识别等）、会说（如语音合成、人机对话等）、会思考（如人机对弈、定理证明等）、会学习（如机器学习等）、会行动（如自动驾驶汽车等）。

　　人工智能的概念自提出至今已有 60 多年，从起步、反思到应用、低迷，再到如今的蓬勃发展已经历了几个阶段。曾有人戏称，人工智能就像一列火车，你苦苦期盼它的到来，它终于来了却呼啸而过，把你抛在了身后。虽然这是一种笑谈，但也反映了人工智能技术发展的速度之快。

　　目前，人工智能技术已被人们广泛应用于工作与生活的各个领域。2016 年，人工智能技术在人力资源领域的应用推动了人力资源的发展，并重塑了人力资源管理。

第一节　人工智能的应用场景与挑战

　　人工智能是一门融合了计算机科学、统计学、脑神经学和社会科学的综合性前沿学科。科学家们研究、开发它的目标是希望机器能够拥有像人一样的智力和能力，可以替代人类具备识别、认知、分类和决策等多种功能。随着智能家电、可穿戴设备、智能机器人等的出现和普及，人工智能技术已经进入人们工作、学习和生活的多个领域。那么，目前人工智能技术具体应用在哪些细分领域呢？

一、应用场景

　　人工智能技术应用的细分领域包括深度学习、计算机视觉、智能机器人、语音识别、自然语言处理、用户画像等。

1. 深度学习

（1）深度学习的概念

　　深度学习（deep learning）是人工智能领域机器学习的一个重要应用分支，是一种以人工神经网络为架构，对数据进行表征学习的算法。至今已有数种深度学习框架，如卷积神经网络、递归神经网络和深度置信网络等，它们被应用于计算机视觉、语音识别、自然语言处理、音频识别与生物信息学等领域并获取了极好的效果。

（2）深度学习的典型应用场景

说到深度学习，大家第一个想到的肯定是阿尔法狗（AlphaGo），它通过一次又一次的学习、更新算法，在"人机大战"中打败了围棋大师李世石。百度的机器人"小度"多次参加最强大脑的"人机大战"并取得胜利，这也是深度学习在日常生活中的应用。深度学习技术也有助于企业进行人才发展分析和辅助决策。

2. 计算机视觉

（1）计算机视觉的概念

人工智能技术最核心的功能在于它实现了对环境的感知并完成了反馈输出。人类可以通过视觉、听觉、嗅觉、味觉和触觉从环境中获取信息，其中视觉是最主要的方式。计算机视觉（computer vision）是指用摄像机、计算机和其他相关设备模拟生物视觉，通过对采集的图片或视频进行处理以获得相应场景的信息，并进一步做图形处理，从图像中识别物体、场景的能力。计算机视觉在识别方面的主要任务包括分类、定位、检测、分割和跟踪等。

（2）计算机视觉的典型应用场景

计算机视觉主要用于图像识别，其中包括被用来提高对疾病的预测、诊断和治疗的医疗成像分析，被用于自动识别照片中人物的（如刷脸支付）人脸识别技术，高速公路上的 ETC 车牌识别，基于计算机视觉的无人驾驶感知系统（如无人车），以及安防和监控领域。计算机视觉在人力资源管理领域的常见应用包括刷脸办理入职、刷脸考勤、刷脸培训签到等。

3. 智能机器人

（1）智能机器人的概念

智能机器人具有相当发达的"大脑"，其中发挥作用的是中央处理器。智能机器人具备各种内部信息传感器和外部信息传感器，可以模拟视觉、听觉、触觉和嗅觉。除此之外，智能机器人还拥有效应器，其主要作用是观察周边环境。智能机器人至少具备三个要素，即感觉要素、反映要素和思考要素。

（2）智能机器人的典型应用场景

智能机器人被应用于很多领域和场景中，如扫地机器人、陪伴机器人、客服机器人、问答系统机器人、机器翻译、对话系统机器人等。智能穿戴设备、智能家电、智能出行或无人机设备依据的也是类似的原理。复杂的智能机器人如机械手臂和快递分拣机器人可以应用在更加开放的环境中。智能机器人在人力资源领域的常见应用就是客服对话机器人、访客接待机器人、培训机器人等。

4. 语音识别

（1）语音识别的概念

语音识别是一项让机器把语音信号转变为相应的文本或命令的高科技技术。通俗地说，就是机器把语音转化为文字，并对其进行识别、认知和处理。

（2）语音识别的典型应用场景

语音识别主要应用在工业、家电、汽车、医疗、家庭服务、消费类电子产品等各个领域。

2010年之后，由于深度学习的广泛应用，语音识别的准确率得到了大幅提升，Siri、Voice Search 和 Echo 等可以实现不同语言间的交流；你对着手机说一段话，智能助手就可以帮助你完成一些任务。国内的语音识别产品包括百度语音、科大讯飞、渡鸦等。语音识别在人力资源管理领域的常见应用就是共享服务中心的客服小秘、招聘小秘、培训助手、虚拟个人助理等。

5. 自然语言处理

（1）自然语言处理的概念

自然语言处理（Natural Language Processing，NLP）将有助于实现目标的各种技术（如计算机科学、人工智能、语言学、人类或自然语言等）进行融合，实现了人机之间的自然语言通信。简单地讲，它就相当于机器语言和人类语言的翻译。在人工智能出现之前，机器能够自动处理少量的结构化数据。随着网络的普及，人类进入了信息时代，机器需要处理的数据越来越多，而网络中存在的大量文本、图片、视频往往都属于非结构化数据，其中文本的数量又是最多的，且绝大部分属于自然语言。由于计算机无法直接处理基于自然语言的文本数据，为了能够分析和利用这些文本信息，就需要用到 NLP 技术。

（2）自然语言处理的典型应用场景

自然语言处理的应用领域比较广泛，如信息提取、智能问答、机器翻译、文本挖掘、舆论分析、情感分析、语音识别和生成、信息过滤、信息检索、知识图谱等。自然语言处理在人力资源管理领域中的常见应用就是客服对话机器人、舆情分析、组织 CT（业绩诊断系统）、人才 CT 等。

6. 用户画像

（1）用户画像的概念

用户画像又称用户角色，是勾画目标用户、联系用户诉求与设计方向的有效工具。在实际操作过程中，用户画像往往会以最为浅显的语言将用户的属性、行为与期待连接起来。作为实际用户的虚拟代表，用户画像并不是脱离产品和市场构建出来的。用户画像需要有代表性，能代表产品的主要受众。

（2）用户画像的典型应用场景

用户画像最早应用于电商领域，其核心工作就是为用户打标签。标签通常是人为规定的高度精练的特征标识，如年龄、性别、地域、兴趣等。利用这些标签将用户形象具体化，从而精准发现潜在用户，并为用户提供有针对性的服务。

用户画像在人力资源管理领域的应用就是人才画像。基于大数据分析这项技术，企业可以将用户画像的结果用于描述用户的特征，分析用户的喜好。同时，用户画像的结果还可以用于企业对关键人才的选、用、育、留等环节，如进行精准培训、分析外部市场的薪酬水平、优化人才招募或配置等。

二、人工智能面临的挑战

当前，人工智能的研发成果仍然属于弱人工智能而非强人工智能。所谓强人工智能，就是通用人工智能（Artificial General Intelligence，AGI），其具备类似人类的学习、认知和推理等方面的能力，拥有自我意识和思想，能够独立决策。弱人工智能（Artificial Narrow Intelligence，ANI）则只能完成特定的、有限的任务，如完成图像识别、语音识别和机器翻译等任务。弱人工智能并不具备真正意义上的思考能力，本质上还是人类的操作工具。

人工智能面临着如下诸多挑战。

1. 未来，人工智能需要更加注重图像识别的效果与体验。

2. 在会场等嘈杂的环境中，噪声对语音识别的质量仍有影响。因此，长尾识别技术有待优化。

3. 智能机器人对语意的理解能力仍欠缺，无法识别和认知不规范的口语；机器人的知识库也需要持续更新和丰富。

4. 用户画像如何打通人力资源数据与业务运营数据之间的关联仍是难题，管理风险预警、组织效能、组织仿真等越来越值得探索。

5. 基于机器学习的预测算法，训练数据的数量不够多、质量也不够高，训练样本不具备代表性、无关特征较多，训练数据过拟合 / 欠拟合等都是影响因素。

6. 决策系统面临两个挑战。第一个是不通用，即学习知识的不可迁移性，如用一个方法学习下象棋，就不能直接将其迁移到下围棋上；第二个是需要利用大量数据进行有效的模拟和训练。因此，人力资源领域的决策系统智能化水平有限，现阶段仍然需要依靠人的智慧。

第二节　人工智能重塑人力资源

人工智能对人力资源管理的各个模块产生了一定的影响，一方面，标准化、程序化、重复性高的工作将逐步被"机器人"全部或部分代劳；另一方面，人工智能与传统的人力资源管理模式相互碰撞，为人力资源从业者带来了正向的激励，在改善用户体验及趋势预测、辅助决策等方面大大提升了从业者的业务水平。人工智能在人力资源领域的运用对人力资源从业者也提出了更高的要求，人力资源从业者不仅要使出浑身解数为企业引入数字化技术方面的人才，而且自己要跟上前沿技术的发展脚步，认真学习并尝试应用这一技术。

一、人力资源数字化的定义

目前，大部分传统企业仍处在向数字化转型的阶段。数字化转型是指组织利用最新的数字化技术驱动商业模式创新和商业生态系统重构，目的是实现业务的转型、创新和增长。数字化技术包括我们常说的"ABCD"，其中 A 是指人工智能（AI）、B 是指区块链（Block Chain）、C 是指云计算（Cloud）、D 是指大数据（Big Data），还包括物联网（The Internet of Things，IoT）、增强现实技术（Augmented Reality，AR）、虚拟现实技术（Virtual Reality，VR）、机器人流程自动化（Robotic Process Automation，RPA）、3D 打印等，如图 1-1 所示。

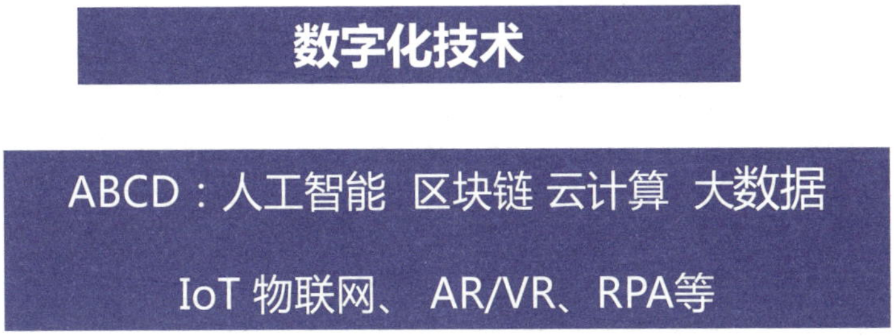

数字化技术

ABCD：人工智能 区块链 云计算 大数据

IoT 物联网、 AR/VR、RPA等

图 1-1　数字化技术的具体体现

人力资源数字化（Digital HR）就是利用数字化技术驱动组织、人才、文化（Organization、Talent、Culture，OTC）和领导力（Leadership）的创新与迭代，从人力资源的角度帮助业务部门实现业绩的快速增长。数字化技术将重新定义人力资源管理，将企业打造成智慧 HR（intelligent HR，iHR）平台。数字化技术对企业的影响体现在以下几个方面，如图 1-2 所示。

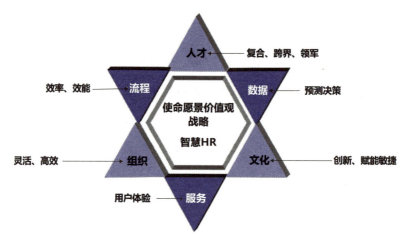

图 1-2　数字化技术对企业的影响

- 组织将更加灵动、高效、相互连接；
- 人才将实现跨界融合，人才种类将变得多种多样，特殊人才将会层出不穷；
- 文化将更加敏捷、开放、包容；
- 流程将实现端到端的连通，同时人工智能的应用将使流程更加智能化；
- 利用数字化技术连通系统，实现自然埋点并沉淀数据；
- 数据可以辅助管理者做出判断，让决策更加智能；
- 用户体验将分为四个层次，即可用、有用、易用、好用，这四个层次的感受是逐步提升的。

在数字化技术的驱动下，流程是闭环、简洁、高效、端到端的，数据是互通的，用户体验是极致的，管理实践是集成在流程中的，思想是迭代在智库中的，业务是被赋能与驱动的。

二、人工智能对人力资源管理的重塑

人工智能就像助推器或催化剂，能有效加速人力资源管理模式的迭代。过去，虽然没有人工智能的助力，但是人力资源管理模式一直在不断地发展和迭代。如今，随着"ABCD"（即人工智能、区块链、云计算、大数据）的宣传与普及，具备移动化、社交化、智能化、机器学习等特点的人工智能技术能够帮助企业更快速地提高效能和更有效地提升用户体验。

现在，一些优秀的头部企业开始由战略人力资源管理阶段进入人力资本管理阶段，追求人才与企业的可持续发展及投资回报率（RoI）的最大化。与之配套，企业需要建设智慧 HR 平台，只有这样才能支撑起由灵动的网状组织、敏捷文化、特殊人才等构成的企业生态体系。

在过去相对稳定的业态环境里，管理者依靠丰富的经验就可以推断企业的发展趋势且准确率颇高。但是，现在的市场变化加速、经营环境日趋复杂，管理者仅凭经验已无法准确预测市场前景，因此数据分析结果逐渐成了管理者制定决策的依据。在人工智能时代，企业人力资源从业者可以借助各种数字设备将信息聚集起来，建立一套算法模型将有效的信息提取出来，经过运算分析后获得更加精准的人力配置建议，从而指导企业管理者扩大或调整生产规模。

虽然人力资源管理领域应用人工智能技术的时间不长，但随着数据量的几何式递增、算法模型的日益精进、算力的跨越式提升，人工智能技术可以让人力资源从业者的工作变得更加省时、便捷，也能够促进企业大幅提升经营效益和效率。

三、人工智能对人力资源管理的价值

这是一个多变、不确定、未知的时代，面对复杂的市场环境，企业不仅需要强大的、能够进行实时分析的后台作为支撑，而且要适应市场变化，改善管理方式，吸引优秀人才，共同创造更大的价值。

人工智能对人力资源管理的价值主要体现在"四度"上，即速度、广度、深度和高度。

1.速度：加速新技术应用，推动业务发展

人工智能技术可以应用于人力资源管理的各个环节，从而提升人力资源的运营效率。例如，人脸识别技术（扫描视网膜和面部）验证的结果是独一无二的、无法复制的，可以有效防止"代打卡"现象；利用大数据技术（如模型+算法）对求职者进行画像，对求职者的求职意愿、工作经历、毕业院校、专业技能和职场信用等信息进行定性或定量分析，可以得出企业对求职者的关注维度；通过对职位与候选人的智能评估和精确匹配，可以更加高效地筛选简历，提升人才招聘工作的质量；通过增强现实技术（AR）和虚拟现实技术（VR），企业可以轻松利用数字化场景为员工提供培训，员工能更加直观地体验工作流程及工作环境。

2.广度：扩展数据分析的"点、线、面、体"场景

随着人工智能技术在数据挖掘、数据分析、数据治理等方面的不断迭代，其从"点、线、面、体"四个维度也对业务产生了作用。所谓点，就是以问题为导向抓住数据分析的发力点；所谓线，就是以业务场景为线索挖掘数据分析的深层原因；所谓面，就是以数据生命周期为核心提升数据分析的洞察力与持续性；所谓体，就是以数据架构为核心搭建数据分析的三大体系（数据体系、指标体系、标签体系）。人工智能和大数据技术在人力资源管理领域的应用，经历了从用数据说话、数据决策、数据运营到数据创新的四个阶段，实现了"点、线结合"和"面、体管控"。

3. 深度：发现了传统数据分析工作洞察不了的事情

企业管理者利用人工智能技术，可以随时随地了解员工的需求，并根据员工需求的不断变化，设计和实施满足员工需求的流程。例如，人工智能技术可以挖掘员工绩效考核、员工访谈等数据，开展员工离职预测分析，通过及时洞察员工需求来降低优秀员工流失率；企业使用聊天机器人可以节省运营成本和时间，提升智能客服的运营效率，从而提升用户体验。

4. 高度：发挥组织效能，提升企业绩效水平

随着科技的进步，移动互联网的产生和人工智能技术的应用在很大程度上改变了人与人、人与机器、机器与机器、人与事、人与财、事与事、事与财等之间的关系，也改变了信息流转的渠道。从前的上传下达已不能满足信息传递的需要，信息流已经开始向数字化方向发展。由于外部环境已经发生改变，企业与客户之间、企业与合作伙伴之间共生了新的价值，原有的组织模式已经不再适用，企业必须打造新的组织模式。数字化技术带来的变化重新定义了组织管理。在这些变化中，企业与员工都会面临一些挑战。由于信息与数据高度交互，企业要利用新技术提升组织能力和绩效水平，员工要增强自主创新能力，需要时刻保持高效与敏捷来应对变化。

图 1-3 展示的是"数据＋场景"的"双轮驱动"。人工智能技术可以帮助人力资源从业者采集、加工、清理各种数据，通过模型、算法和算力，结合管理场景（包括运营体检报告、管理风险预警、选用育留趋势预测、决策支持智库、政策执行监察与修正等）为决策者（CXO）、管理者、员工或人力资源从业者提供分析报告、辅助判断和决策支持。

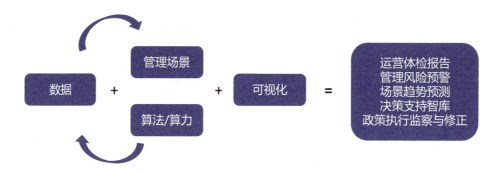

图 1-3 "数据＋场景"的"双轮驱动"

未来，技术进步的速度会越来越快，人工智能技术在人力资源管理领域的应用也会越来越多，这将推动人力资源管理效率、组织效能及用户体验得到更大幅度的提升。

第三节　人工智能在人力资源管理中的具体应用场景

一、人才生命周期

人工智能在人力资源管理领域的应用涵盖了整个人才生命周期，具体包括入职管理（如品牌宣传、人力成本预测、人才雷达、机器人面试、资料准备前置化等）、在职管理（如智能客服、自助平台、数字化共享服务、目标管理、AR/VR 培训、游戏化学习、敏捷绩效、活力曲线、组织健康度、员工满意度、人才360画像、舆情分析、管理风险、一体化激励中心、关怀福利商城、人才保留预警、人才迁徙等）、离职管理（如离职关怀、离职校友会、微信群、回流等）三个部分，每个部分又分为若干个环节。人才生命周期及重要场景如图1-4所示。

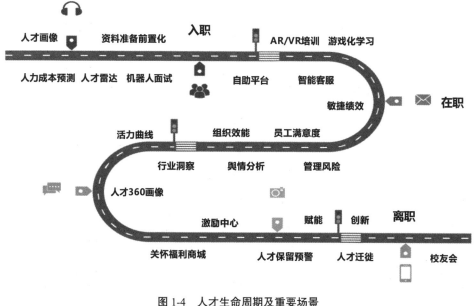

图1-4　人才生命周期及重要场景

人工智能在人力资源领域的选、育、用、留四大模块有如图1-5所示的应用场景。

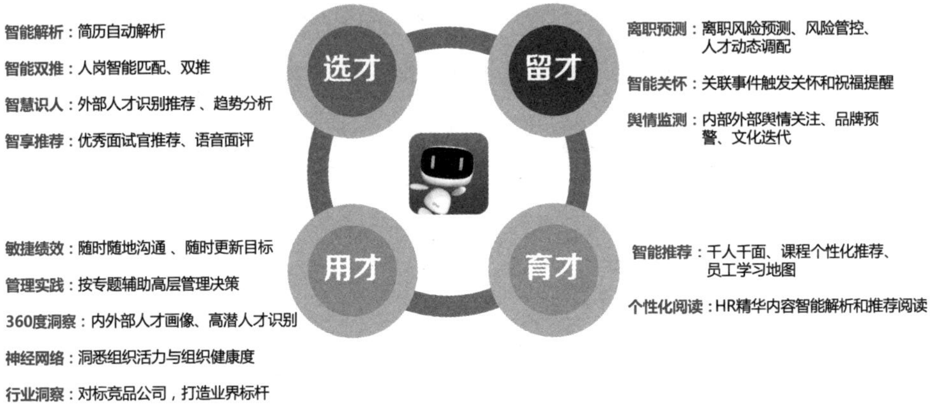

智能解析：简历自动解析

智能双推：人岗智能匹配、双推

智慧识人：外部人才识别推荐、趋势分析

智享推荐：优秀面试官推荐、语音面评

选才

留才

离职预测：离职风险预测、风险管控、人才动态调配

智能关怀：关联事件触发关怀和祝福提醒

舆情监测：内部外部舆情关注、品牌预警、文化迭代

敏捷绩效：随时随地沟通、随时更新目标

管理实践：按专题辅助高层管理决策

360度洞察：内外部人才画像、高潜人才识别

神经网络：洞悉组织活力与组织健康度

行业洞察：对标竞品公司，打造业界标杆

用才

育才

智能推荐：千人千面、课程个性化推荐、员工学习地图

个性化阅读：HR精华内容智能解析和推荐阅读

图 1-5　人工智能在选、育、用、留四大模块的应用场景

二、选才

- 智能解析：简历解析和推荐、人岗智能匹配
- 智慧识人：外部人才识别推荐、趋势分析
- 智享推荐：优秀面试官推荐、面试评分

人工智能技术简化了面试官筛选候选人的流程，减少了招聘面试的时间，提升了候选人的面试体验。

面试前，AI 聊天机器人和虚拟界面可以对候选人进行初步筛选，以评估其能力素质、相关经验、工作技能或文化匹配度等。这就意味着，人工智能可以帮助面试官提高面试的成功率。

那么，企业该如何通过人工智能与机器学习技术实现上述结果呢？

首先，通过高潜人才画像提取高潜人才的特征，进而得到不同序列的人才画像。在提取过程中要用到的技术包括求职信息与岗位信息自动匹配、全库智能搜索、智能评估、双向推荐等，整个过程全程无需人工参与，这一技术有效地盘活了企业人才库中的数据。

其次，在人才招聘环节，招聘专员通过大数据挖掘技术对全网简历进行智能搜索与推荐，大大提升了招聘工作的效率。

最后，招聘专员利用大数据的搜索、分析功能开展包括简历更新、人才推荐等在内的招聘服务。

具体来说，大数据在招聘领域的应用场景如下。

1. 简历双向自动推荐

在传统的招聘过程中，求职者往往会在网络上海量投递自己的简历，企业的 HR 从业者或用人部门利用招聘系统也在进行海量筛选，这样的操作方式效率低下，且浪费资源。那么，有了大数据之后，企业可以采用职位、简历的双向匹配推荐算法，提取职位与简历的相关属性，并赋予相关属性权重来实现简历双向自动推荐。例如，在求职者的简历中，关键信息包括求职意向、工作经验、技能、学校、学历、专业、爱好等；在用人单位发布的岗位描述里，包括对求职者的要求，如毕业学校最好是 985 或 211 类院校、学历是本科以上、专业是与计算机相关的专业、工作经验是 5 年以上、熟练掌握 Java 和 SpringBoot 等。大数据通过抽取求职者的简历信息及用人单位的岗位描述信息，进行模型匹配与特征分析，把合适的简历推荐给用人单位，或者把匹配度较高的岗位信息推荐给求职者，从而实现简历双向自动推荐，极大地提升了招聘工作的效率与人岗匹配的精确度。

2. 明暗双线智能招聘系统

过去，人力资源管理系统通常以招聘业务与招聘流程为主。进入数字化时代后，人力资源管理系统则要求以业务为导向，系统设置需要符合业务部门的诉求。因此，明暗双线智能招聘系统应运而生：就是以面试流程为主线，以招聘流程为次线，打造智能化、移动化的"人人都是面试经理"的新招聘系统。

3. 移动语音面评助手

面试结束后，面试官利用语音识别技术，以语音或文字的形式填写面试评价。当然，在面试过程中，如果系统能够全程记录面试双方的对话过程（经求职者同意后），就可以为企业的大数据分析工作提供丰富的语音与文字资料。

4. 智能客服助手

无论是校园招聘还是社会招聘，在候选人关注的问题中，有 80% 的问题是重复的。因此，企业有必要开发一个类似于"对话机器人"的智能客服助手，由智能客服助手回答这些共性的问题，它们可以 7 × 24 小时提供服务，而且答复更标准，态度更友好。当问题比较复杂、需要专业人员处理时，人工智能技术还可以通过调用沟通工具、组织会议等形式，帮助提问者了解在何时、向何人寻求帮助。

三、育才

- 千人千面：智能推荐课程、员工学习地图
- 即需即用：教练角色匹配内容，加速问题解决与提效
- 个性化阅读：智能解析内容和推荐阅读

过去，企业开展培训工作的思路与做法是人力资源部制订培训计划，员工

获得工作中需要用到的知识和技能并实现快速成长，提高企业的整体竞争力。

进入人工智能时代后，企业利用前沿技术（如 AI、大数据、AR/VR 等）构建起来的智能学习平台为员工提供了全方位的智能学习生态圈。员工在学习或工作中的经历，如曾经读过哪些文章、学过哪些课程、点击过哪些地方等都会被记录下来并分析。培训专员通过后台模型计算，根据员工诉求或岗位能力要求，可以找出对员工真正有用的资源。通过建立标签体系，培训课程或培训内容将被标注上学员角色、工作能力、工作场景、业务流程等标签，培训专员结合学员阅读或选课的偏好建模、特征提取、算力优化及深度分析后，就可以根据标签主动将内容推送给学员，实现人员、岗位、能力、知识的自动匹配，让培训真正做到千人千面。

其他应用场景还包括以下方面：员工根据工作内容、现有技能、发展计划和未来目标制订个性化的学习计划；根据员工的操作水平，灵活分配拓展任务和跨职能项目；基于个别员工的需求进行培训内容匹配和推荐；智能对话机器人可对常见的培训或学习问题进行实时回复，所有员工都可以提出问题并快速收到回复。

所谓智能推荐课程，也就是根据学员选课记录或阅读喜好向学员推荐他们可能感兴趣的课程；发现学员曾关注哪些专家，从而向他们推荐与专家相关的课程；向不同序列、不同职级的学员推送不同的课程内容。智能推荐课程的形式如图 1-6 和图 1-7 所示。

图 1-6　推荐课程示例

图 1-7　精彩专题推荐示例

四、用才

- 360 度洞察：内外部人才画像、高潜人才识别
- 敏捷绩效：随时沟通反馈、开展绩效预测
- 神经网络：洞悉组织活力与组织健康度
- 管理实践：按专题辅助高层管理决策
- 行业洞察：对标竞品公司，打造业界标杆

企业管理者怎样才能精准地知道谁是你想要的人才，人才画像就是一种很好的方法。

何为人才画像？人才画像是由显性的职位描述和隐性的潜在特质组成的。通俗地讲，人才画像就是你能够像画家画人物一样把人才特征描述出来；描述的准确程度取决于你对信息的掌握与挖掘程度。随着技术水平的进步，人才画像可分为三个阶段：在初级阶段，人才画像只是画出了模糊轮廓，就像手机的 100 万 ~ 200 万像素；在中级阶段，人才画像相对清晰了，可以达到 800 万 ~ 1 000 万像素；到了高级阶段，人才画像的效果已经非常逼真，相当于达到了 5 000 万像素。

人才画像多用在企业关键人才的选、用、育、留等环节，主要目的是有效吸引与使用关键人才。具体来说，人才画像的框架与应用场景如图 1-8 所示。

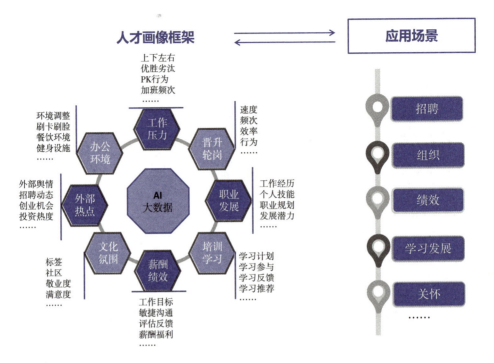

图 1-8　人才画像的框架与应用场景

在人才的选、用、育、留等环节，人才画像可以解决以下问题。

◇人才选拔：如果人才供应速度难以与企业发展速度相匹配，管理者到底
　是依赖外部人才招聘，还是依靠企业内部培养？为什么部分岗位的胜任
　率很低？如果存在人才队伍臃肿的现象，怎样优化效果更好？如何解决
　关键人才流失、核心岗位后继无人等问题？

◇人才任用：如何科学地解决人岗不匹配问题和团队组建问题？如何解决
　转型阶段核心人才配置问题？

◇人才培养：怎样利用新技术培养人才？如何将人才培养成领军人物？培
　养人才时，是着重发挥他们的长板优势还是重点提升短板？

◇ 人才激励：如何让核心人才充分发挥自身能力与主观能动性？如何减少核心人才的流失？企业有哪些员工激励措施？

◇ 组织发展：针对组织变化，该如何预警？怎样衡量团队健康度？如何衡量组织活力？如何促进团队协作与提升团队敬业度？

绘制人才画像的工作需要将大量的员工数据作为基础，随着信息化、数字化、智能化的深入，数据量会越来越多，人才画像的"清晰度"也会越来越高。

五、留才

- 离职预测：风险管控、人才动态调配
- 智能关怀：给予关怀、祝福提醒
- 舆情监测：内外部舆情关注、品牌预警、文化迭代

离职管理是企业对人才的选、用、育、留四个环节的最后一环。大数据在"留才"方面的应用主要体现在离职预测、智能关怀、舆情监测等方面。

人才是企业可持续发展的动力，留住人才对任何企业来说都非常重要。利用大数据技术、模型与算法预测员工未来的离职意向，实现留才已逐步成为企业的重点工作。在系统健全、数据拉通的情况下，首先可以对数据进行要素分析，分为个体因素（如年龄、性别、级别、绩效、薪酬、福利、工作内容、技能、个人职业发展等）、组织因素（如企业文化、组织氛围、工作压力、上下级关系、管理幅度、满意度等）以及外部因素（如外部市场工作机会、外部薪酬水平、创业环境、市场热度等），再将所有因素归纳提炼为八个维度指标，如办公环境、工作压力、晋升轮岗、培训学习、职业发展、薪酬绩效、文化氛

围及外部热点，通过建立多元回归模型找出各个因素的相关性，厘清正、负相关因素影响，经过模拟与验证，就能够尽早预测员工离职可能性的概率，从而提示企业主管或 HR 从业者及时采取相应的措施降低员工离职风险，保障企业的正常运作。

第二章

人工智能在选才环节的应用

招聘是企业人力资源管理工作中重要的一环，决定了"谁能来""能不能干""如何干""干多久"的问题。在数字化转型的新时代，人工智能等新技术可以在招聘工作领域发挥更大的价值。

随着人才流动速度的加快和专业分工的细化，每个人的职业发展道路都存在更大的不确定性。人才并不会把公司内部升迁作为自身职业发展的唯一路径，他们往往会把目光投向公司之外。同时，公司在人才获取的"质"与"量"方面都面临着更大的挑战。在招聘和选择新员工的过程中，公司通常会收集和记录大量的信息，这些信息可以被人力资源分析专家利用。例如，人力资源分析师能够通过在招聘过程中收集的数据预测候选人未来的业绩。

所有对招聘的研究或实践都在探索企业选拔候选人的最优方式，特别是采用数据驱动的智能招聘。在这方面，可靠性和有效性都很重要。所谓可靠性是指在招聘过程中对候选人进行筛选的方法的可靠性，管理者希望这种方法尽可能客观且一视同仁。但是，人们对彼此的判断非常容易产生偏见，如面试过程中出现的"光晕"效应，即面试官因为候选人的一个突出特征而影响到他对候选人其他特征的判断。有效性是指该方法能否帮助面试官准确筛选出符合特定工作岗位要求的人，包括区分表现良好和表现不佳的候选人，区分想要留下来和加入后不久就将离开的人。

第一节 KSAM 模型

一、KSAM 模型的概念

KSAM 模型是基于著名的冰山模型演变而来的（如图 2-1 所示）。在冰山模型中，水平线之上的部分是表象，人们可以通过简单接触、观察与分析识别表象；而水平线以下"深藏不露"的部分是本质，冰山以下的部分越深入"海底"就越不容易被评估与测量，人们必须通过系统手段进行分析才能识别。主导人的行为是"冰山之下"的部分，而且层次越深，影响效果就越明显。因此，HR 从业者在进行大数据分析业务建模时，要充分考虑并提取冰山模型各部分的特征，结合应用场景进行岗位和员工特征剖析，真正做到人岗匹配。

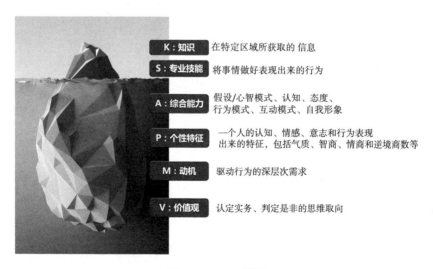

图 2-1 KSAM 模型

KSAM 模型是从冰山模型提炼、发展而来的，可以用于招聘与选拔工作。KSAM 指代的内容分别如下。

K 即知识（Knowledge），是指员工在某一特定领域拥有的事实型与经验型信息（如专业知识、教育经历、工作经历、项目经历、培训经历等）。知识的特点是容易识别、便于培训。在这方面，HR 从业者重点考察与衡量候选人是否具备岗位必备知识，解决的是候选人"能不能胜任"的问题。

S 即技能（Skill），是指员工结构化地运用知识完成某项具体工作的能力，也就是员工对某一特定领域所需技术与知识的掌握情况（如表达能力、组织能力、决策能力、学习能力等）。技能的特点是易识别、易培训。在这方面，HR 从业者重点考察与衡量候选人是否具备基本技巧，解决的是候选人"行不行"的问题。

A 即能力（Ability），是指员工完成某一领域工作或某一个项目所需具备的综合素质，包括心智模式、认知水平、工作态度、行为模式、互动模式、自我形象（如能力评估、OKR 考核、绩效考核、领导力考核、360 度考核评价等）。在这方面，HR 从业者重点考察与衡量候选人是否具备岗位要求的能力，解决的是候选人"好不好""如何干"的问题。

M 即动机（Motivation），是指一个人内在的自然而持续的想法和偏好。动机能够驱动、引导和决定个人行动（如价值观、满意度、敬业度等）。动机的特点是难识别、难培训。在这方面，HR 从业者重点考察与衡量候选人的潜力及态度，解决的是候选人"愿不愿干""干多久"的问题。

由此可见，"冰山"水平面以上的信息是结构化数据，相对容易收集，便于统计与分析；而"冰山"水平面以下的信息大部分是非结构化数据，相对而言不便收集。HR 从业者需要利用 AI 技术、大数据技术、算法模型等对水平面以下的信息进行多维度分析、洞察与呈现，为业务管理的决策工作提供辅助判断。

二、KSAM 指标的模型

传统的招聘漏斗模型体现在多（数量）、快（时间）、好（质量）、省（成本）四个方面，即在较短的时间内，利用较少的成本，招聘到足够多的优秀人才（如图 2-2 所示）。即使在 AI 和大数据时代，这也是衡量招聘专员工作绩效的基础指标。

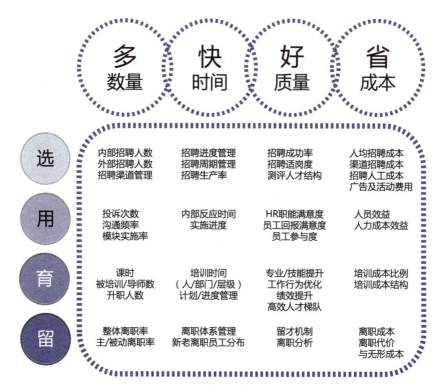

图 2-2 传统的招聘漏斗模型

企业管理者可以从招聘工作过程和招聘工作结果两个方面评估招聘工作的效率。

1. 招聘工作过程的效率评估

招聘工作过程效率评估的指标包括时间和成本两个方面。

（1）时间效率评估

时间效率评估工作可以根据以下两个数据指标完成。

招聘周期是指岗位提出人员需求之日到新员工入职报到之日之间的天数。

平均招聘周期是指岗位提出人员需求之日到新员工入职报到之日之间的天数的平均值。

（2）成本效率评估

成本效率评估可以采用以下三个公式完成。

人均招聘成本 = 总招聘成本 / 三个月后转正员工的数量

录用比率 = 录用总人数 / 应聘总人数 ×100%

上岗比率 = 三个月后转正员工的数量 / 应聘总人数 ×100%

（注：假设新员工的试用期为三个月）

2. 招聘工作结果的效率评估

（1）招聘专员要在规定的时间内找到与岗位匹配的人才，并使其到岗长期稳定工作。因此，企业管理者可通过以下几个指标评估招聘工作结果的效率。

招聘计划完成率 = 报到签约人数 / 计划所需人数 ×100%

新员工报到率 = 报到签约人数 / 录取人数 ×100%

新员工保留率 = 三个月后转正员工的数量 / 报到签约人数 ×100%

（2）招聘质量是考核招聘专员工作业绩的重要指标之一，企业管理者常常通过用人部门对新员工的满意度评分来评价招聘质量。一般来说，人力资源部会在招聘工作结束后对用人部门提出以下几个问题。

①您对招聘专员提供的招聘服务的满意度评分分值为＿＿＿＿（1～10分）

②您对招聘专员提供候选人的速度的满意度评分分值为＿＿＿＿（1～10分）

③您对招聘专员提供候选人的质量的满意度评分分值为＿＿＿＿（1～10分）

④您对招聘专员提供候选人的数量的满意度评分分值为＿＿＿＿（1～10分）

⑤欢迎您对我们的服务提出宝贵建议（若有请填写）＿＿＿＿＿＿

三、应对挑战

在充满不确定性和复杂性的 VUCA 时代，企业为了在市场竞争中取得领先优势，会相应地提高用人标准。与此同时，用工环境与人才市场也在发生变化，这就对招聘工作提出了新的挑战。

HR 从业者的首要工作是夯实基础指标，丰富与应用多（数量）、快（时间）、好（质量）、省（成本）的招聘效率指标模型。

随着人工智能技术在招聘工作中的广泛应用，招聘效率的衡量指标也需要及时迭代，从"多""快""好""省"效率指标向"价值输出"层面迭代（如图 2-3 所示）。影响"价值输出"的因素包括有吸引力的雇主品牌、高质量的人才库、人才效力提升、具有竞争性的薪酬体系、员工敬业度、业界标杆、优秀的领导者与人才梯队、培训效益、文化促进、留才指数、降低替代成本等。突破"价值"的过程中，还要进行各类风险管控，如招聘风险控制、人才风险控制、文化与软环境风险管理、法务风险规避、绩效行为反馈风险、培训过程风险控制、离职风险管理等。

同时，HR 从业者要重视提升员工终身价值（Employee Lifetime Value，ELV），避免用人风险，提高人才的投资回报率（ROI），进而提升组织效能。

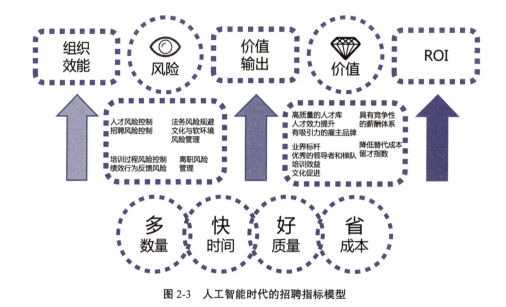

图 2-3　人工智能时代的招聘指标模型

1. 避免用人风险

在招聘过程中，HR 从业者要注意防范用人风险，避免发生劳动争议。在 AI 时代，大数据技术可以通过建立风险控制模型、开展算法分析，在以下几个方面进行机器学习与训练，提出用人建议与风险提示，帮助 HR 从业者规避相关的招聘风险：

①候选人简历造假；

②员工跳槽导致的不良竞争；

③企业文化、价值观匹配程度。

2. 提升员工终身价值

过去，企业管理者常常通过用人部门对招聘工作的满意度评分来评价招聘工作的质量。现在，随着企业纷纷将人力资源管理转向人才运营管理（如谷歌、微软、苹果、爱彼迎、网飞、百度、阿里巴巴、腾讯、华为等企业），HR 从业者承担了更重要的责任，就是要站在企业的角度评价招聘工作的质量。这时，企业就需要引入一个新概念——员工终身价值，企业管理者需要据此评价招聘工作的质量。

企业的财务部门会计算客户的终身价值（Customer Lifetime Value，CLV），衡量他们的营销获客与销售工作的产出价值与生产力。同样，招聘高水平的员工与企业的收入也是有直接关系的，员工终身价值就是用来衡量员工对企业收入增长的贡献程度的重要指标。

高水平员工创造的价值与普通员工创造的价值是千差万别的。有研究资料显示，企业聘用一位领军人才可以收获几十倍甚至上百倍的生产效率的回报；同时，他还具备光环效应，不仅能够吸引优秀的外部人才，而且会对企业内部表现不佳的员工产生积极的影响。

3. 提高人才的投资回报率

有研究发现，高水平的候选人入职后的员工终身价值也很高，企业因此获得了较高的人才投资回报率。图 2-4 就很好地诠释了这一点，横坐标是司龄，纵坐标是工作效能，张三是一个具备平均水平的候选人，入职后的员工终身价值表现曲线为虚线；李四是一个具备较高水平的候选人，入职后的员工终身价值表现曲线为实线，从图中数据可以看出李四的个人效能明显优于张三，而且随着企业的发展，李四的投资回报率更高（虚线与实线围成的区域就是两人的投资回报率之差）。由此可见，员工终身价值与企业的投资回报率呈正相关关系。

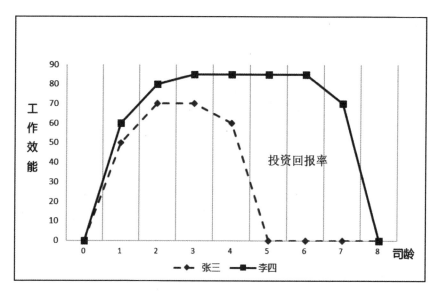

图 2-4　两位员工的终身价值表现曲线

第二节　人工智能与招聘新玩法

一、人工智能重塑招聘流程

进入数字化新时代后，招聘工作将迎来深刻的变革，人工智能技术将重塑人才招聘的流程。

招聘是企业寻找和筛选符合空缺岗位需求的候选人的工作。根据 2017 年德勤的调查报告，83% 的管理人员认为人才招聘工作重要或者非常重要。乔布斯（Jobs）曾说过："苹果公司为了招聘到全世界最优秀的人才付出了非凡的努力。"

美国学者布劳夫（Breagh）等人将招聘流程分为五个步骤：第一步是确定招聘目标，包括招聘岗位的数量和每个岗位对应的任职要求，如教育背景、专业技能等；第二步是确定招聘策略，明确要招聘何种类型和特征的员工以及相关预算，确定通过何种渠道和方法获取候选人的信息；第三步是完成招聘活动，包括确认参与招聘工作的人员，通过浏览简历和面试获取候选人的信息；第四步是绘制候选人的画像，包括候选人的学历、工作年限、对企业文化的认同度、对未来工作的期望等；第五步是完成招聘决策并输出招聘结果。

在实际招聘工作中，大量的事务性工作集中在初筛简历和精选候选人环节，在传统的招聘过程中，这些工作主要由招聘专员手工完成。招聘专员需要耗费大量的时间筛选候选人，然后联系通过初筛的候选人并确认后续面试。这一过程看似简单，实际上对招聘工作的结果颇有影响。首先，这一环节会消耗招聘专员的大量时间，在理论上，时间成本会随着简历数量的增加而实现线性增加；其次，招聘专员的个人喜好会对筛选结果产生影响，如简历内容的条理性和简历的排版风格等都有可能影响招聘专员的判断；最后，对某些专业岗位任职人员的招聘存在明显的矛盾，专业岗位的管理人员如中高层管理者无法投入大量时间初选简历，而人力资源部的招聘专员并不具备筛选特定专业领域候选人的能力，这一矛盾的后果就是企业会错失合格的候选人，使不合格的候选人进入面试环节甚至通过面试，这将对企业经营带来一系列的损失。

现有的 AI 技术可以从多个方面优化招聘流程。例如，光符识别技术（Optical Character Recognition，OCR）可以从简历、证书等纸质文件或图片中识别并输出文本内容，从而帮助招聘专员轻松获取候选人信息；申请人的电子简历或者经过 OCR 获取的数据可以通过 NLP 算法提炼重要信息。另外，计算机视觉算法也可用于视频面试，招聘专员通过分析候选人回答问题的内容、面部表情和肢体语言等评估候选人。

二、智能筛选简历

招聘专员不仅要帮助企业引进符合专业要求的人才，而且在面试过程中要考虑企业文化、组织氛围与候选人是否契合。

在人力资源管理六大模块中，招聘是技术含量比较高、专业难度比较大的工作。招聘专员由于自身的知识水平及认知能力有限，在寻找和筛选候选人时总会存在一些偏差。人工智能技术则可以纠正这些偏差，因为它拥有更加丰富的知识储备和更加完善的认知能力，同时，它具有自动化的特点，可以自动开启招聘功能，自动寻找与匹配候选人，实现自动识别和判断、自动跟踪、自动评估和分析等。

百度公司利用大数据技术开发了相应的算法，对简历进行智能筛选和推荐。百度公司采用了"双推"机制（如图 2-5 所示），一方面把简历精准地推送给招聘专员，另一方面将正在招聘的热点和稀缺岗位定点推送给潜在的候选人，实现"逆向"推送。"逆向"推送对人工智能技术的要求更高，其难点主要在于算法。这一算法无法仅仅通过程序实现，而是需要不断地迭代、优化。其背后是相应的模型，这些模型会针对不同的岗位而搭建。

图 2-5 百度公司的"双推"机制

　　企业搭建模型的前提是拥有一定的数据量，否则模型的准确度和优化程度都会受到影响。当然，模型本身也需要通过数据来不断优化。在数据收集方面，人工智能引擎可以自动扫描候选人资料，将其与可用的空缺职位进行匹配。除了候选人的数据，企业还需要收集岗位信息、市场热度、行业热度、地理位置、候选人流动的地理范围与区域等信息，如北京的 IT 行业候选人主要存在于中关村区域。与过去的模糊搜索和匹配相比，现在的搜索精准度有了较大的提升。人工智能引擎能在短时间内扫描大量的求职者资料，算法在保证准确性的同时还加快了简历筛选与录用决策的速度。

　　腾讯公司 HR 从业者用打造互联网产品的方式为来自业务部门的面试官提供了招聘工具。当业务部门提出用人需求时，人力资源部首先会在公司内选择三位以上的优质员工，之后建模、扫描，分析这些员工成功的因素，如逻辑思维能力强、对数字敏感、善于学习等，然后对这些成功因素进行倒推并落实到行为上，再根据行为设计面试问题，最后在问题后附上几个答案选项并给出分值。

过去，阿里巴巴公司大部分的招聘工作是由 HR 从业者完成的，HR 从业者提前安排好面试工作，团队领导者不需要自己查找简历。现在，阿里巴巴公司的招聘工作主要由团队领导者负责，他们需要自主完成与招聘相关的工作。基于这样的管理理念，人力资源部提供了基于移动端的"一站式招聘工作台"，团队领导者可以在移动端完成从职位发布、简历推荐及评估、面试及反馈到录取通知书审批等一系列工作。其中，智能推荐简历功能对团队领导者的帮助非常大，它可以自动收集来自所有渠道的简历，自动淘汰不符合要求的简历，并通过能力、潜力、意愿和职位四个维度的综合得分自动推荐优秀人才，从而大幅提高了企业的招聘效率。

企业采用 AI 技术筛选简历的过程主要分为两步，首先明确候选人的简历和岗位描述的匹配度，然后根据匹配度对候选人的简历进行分类。

我们通过以下案例说明算法层面需要解决的问题。假设，某公司需要招聘一名算法工程师，岗位要求与候选人工作经历如图 2-6 所示。

A 和 B 两名候选人在简历中提供的工作经历分别如下。

候选人 A：我在大学阶段参加了创新团队并担任队长。我和队友一起把 GBRT 模型用于预测股票价格变化，其中我的主要工作是负责模型开发。开发语言为 Python。

候选人 B：利用微博的文本数据、微博的平台特征和虚假信息的传播机制，我使用数据挖掘技术和自然语言处理技术开发了微博内容可信度评估的算法。开发语言为 Python。

以上四项岗位要求中包括三项技能要求：分别是 Python 开发、机器学习和大规模数据处理，其余一项岗位要求就是素质能力要求，即沟通能力和团队合作精神。

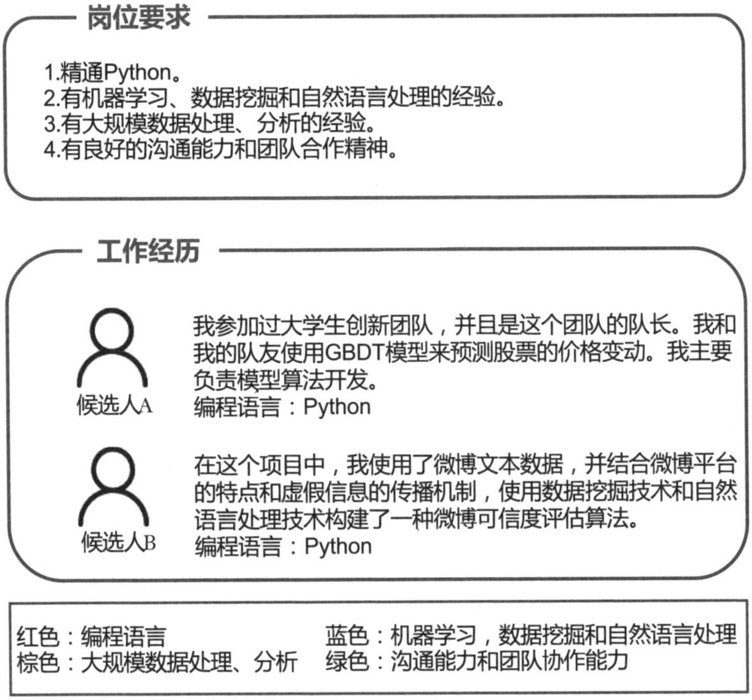

岗位要求

1.精通Python。
2.有机器学习、数据挖掘和自然语言处理的经验。
3.有大规模数据处理、分析的经验。
4.有良好的沟通能力和团队合作精神。

工作经历

候选人A　我参加过大学生创新团队，并且是这个团队的队长。我和我的队友使用GBDT模型来预测股票的价格变动。我主要负责模型算法开发。编程语言：Python

候选人B　在这个项目中，我使用了微博文本数据，并结合微博平台的特点和虚假信息的传播机制，使用数据挖掘技术和自然语言处理技术构建了一种微博可信度评估算法。编程语言：Python

红色：编程语言　　　　　　蓝色：机器学习，数据挖掘和自然语言处理
棕色：大规模数据处理、分析　绿色：沟通能力和团队协作能力

图 2-6　候选人 A 和 B 与岗位需求相匹配的内容

这样的岗位需求在招聘启事中非常常见。但是，严格地说，以上技能要求只属于一个技能类别。例如，有多种不同的技能能够匹配机器学习的技能要求，即使岗位需求缩小到 NLP 领域也是如此。同时，在候选人具备多项技能的情况下，面试官需要权衡候选人所有的能力并计算综合得分才能做出选择。

针对上述问题，百度人才智库开发的深度学习算法模型已经实现以下功能。

①对描述岗位需求或求职者工作经验的长句子，算法模型能够获得句子的

向量表示，并计算出各个词语的重要性；

②算法模型能够计算出不同需求或经验之间的相对重要性；

③算法模型能够计算一个需求和不同经验之间的相关性。

算法模型由三个部分构成，分别是词级表征学习、多层能力感知表征学习和人岗匹配度计算，如图 2-7 所示。

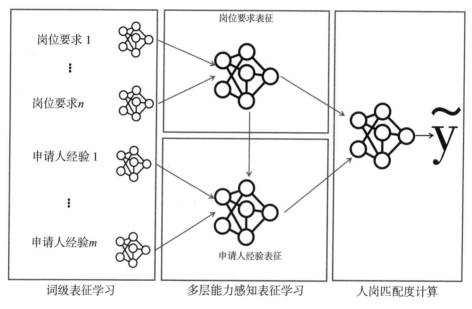

图 2-7　算法模型示意图

词级表征学习使用的是双向长短记忆神经网络，即通过字嵌入（word embedding）技术完成对岗位需求和候选人经验的字级别的表征学习。这一阶段输入的是描述岗位需求的文本数据和反映候选人经验的文本数据，这两类文本经过模型学习之后分别输出特征表示的向量矩阵。

多层能力感知表征学习通过多层注意力机制让与"能力"紧密相关的字获得了更高的权重，实现"能力感知"。因此，算法模型能够从文本的语言理解中提炼出更高层次的岗位需求和候选人经验的特征，然后分别输出表征矩阵。

人岗匹配度计算则是将表征矩阵作为输入，计算岗位需求和候选人经验的匹配度，然后输出计算结果。

与之对应的算法能力体现在以下三个层面。

（1）词的层面。句中的关键词组和短语不仅被区分出来，而且被标注了不同的权重。

例如，精通C、Python、R等程序设计语言，熟悉Hadoop、Hive、Hbase等。这个句子中与技能相关的重要词组都被识别出来了，包括C、Python、R、程序设计和Hadoop、Hive、Hbase。而且，C、Python、R比Hadoop、Hive、Hbase有更高的权重，与二者关联的词语分别是精通和熟悉，精通代表着候选人有更高的技能。

（2）技能层面，主要是评估不同技能的重要性。技能的重要性反映的是技能的稀缺性，候选人具备的技能越重要，这个群体就越稀缺。

（3）匹配层面，也就是实现岗位要求和候选人能力经验的匹配。在这个层面，算法需要判断从候选人简历中识别的关键技能词组能否匹配特定的岗位需求。

例如，岗位要求：热爱并了解互联网，了解、熟悉SNS、论坛、微博等形态媒体的特性；候选人经验：除了上述产品外，还曾独立设计五款以上小型产品，包括订餐App、微信公众平台开发者版、星座App、评课系统、任务管理软件等并参与产品的开发及UI的设计工作。

其中，算法识别出了订餐App、微信公众平台和星座App等与互联网相关的内容，而且算法给微信公众平台赋予了更高的权重，因为微信作为我国最重要的社交网络软件（SNS）与岗位要求中的"熟悉SNS"相匹配。

综上所述，模型利用深度学习端到端的算法计算了简历内容和岗位需求内容的匹配度,该模型在大型科技公司提供的真实数据集上表现良好。

三、面试机器人

联合利华公司在优化招聘过程时使用了一整套 AI 系统。首先,求职者受邀完成一系列在线游戏。这些游戏的设计目的是基于心理学和认知神经学的原理,帮助面试官收集与求职者的行为、性格、品质相关的数据。然后,通过首轮筛选的求职者会被邀请参加完全由 AI 驱动的在线面试,AI 面试官会向求职者提出一些结构化问题,并对求职者的情绪状态、答案的真实性和是否符合岗位要求等做出评估。最后,合格的求职者会得到智能聊天机器人的协助,智能聊天机器人会回答求职者的问题并安排现场面试。

联合利华通过这种方式把平均招聘时间从 4 个月缩短到了 4 周,并且使招聘专员在一个求职者身上花费的平均时间缩减了 75%。与此同时,联合利华校园招聘的大学覆盖数量从 800 多所增加到了 2 600 多所。而且,对 25 000 名候选人的调查显示,其候选人满意度高达 82%,远远超过了其他企业。

AI 算法正在越来越多地应用到面试视频分析工作中,它可以大幅提升面试效率、降低人为观点的偏见,为 HR 管理者制定决策提供支持。

AI 算法对视频文件的分析处理分为图像和语音两个部分。对图像部分的处理包括对候选人表情、姿态和动作的识别与特征提取。对语音部分的处理分为两个部分:一部分是候选人在面试交流过程中的语言表达内容,自动语音识别(Automatic Speech Recognition,ASR)技术可以将语音转化为文字,再通过自然语言分析算法对文字内容进行分析;另一部分是对候选人语音特征的分析,包括语速、停顿和声调等。

目前市场上有多种与面试相关的 AI 产品和服务，但是，有经验的面试官知道仅仅通过关键词评估面试效果是远远不够的。在图像分析和语音分析方面，虽然 AI 表情分析和 AI 语音分析功能可以为面试官提供一定的辅助，但面试官仍然需要耗费时间逐一观看视频，从而评估候选人。因此，这类产品对提升面试效率的帮助有限。

现在，市场上出现了技术更加成熟的 AI 面试产品，它可以对候选人回答问题的内容进行完整的语义分析并预测候选人的胜任力。这些产品使用更加复杂的 AI 算法对候选人回答的内容及其回答问题时的表情、声音和仪表进行多维度的深度分析，可以快速筛选出合格的候选人，面试官只需要在 AI 产品推荐的候选人中挑选最合适的人即可。虽然这一技术还没有完全实现 AI 自动化分析和评估面试效果，但是已经可以大幅提升面试流程的效率了。

当前市场上最前沿的产品可以实现 AI 自主完成结构化面试，甚至可以告诉招聘专员是否录用候选人。此类产品非常适合企业开展大规模招聘活动，如面试量大的集中招聘和校园招聘，可以帮助企业节省大量的招聘成本和时间。

根据工业组织心理学的研究，在评估候选人方面，结构化面试（Structure Interview, SI）可以比非结构化面试产生更有效的结果。结构化面试就是让候选人在面试过程中回答一系列固定的问题。因此，AI 算法主要应用于结构化面试。下面是一个结构化面试的案例。

请告诉我们您不是正式领导但扮演了领导角色的工作情况。请提供：

- 有关情况背景的详细信息；
- 您针对这种情况做出的行为；
- 行为的结果。

根据社交信号处理（Social Signal Processing，SSP）理论，人们往往会通过观察和理解对方的行为信号来判断其性格特征，在面试过程中也是如此。面试官通过观察和理解候选人的行为信号对候选人进行性格评估，这些行为信号包括语言表达的内容、面部表情、凝视方向和其他肢体动作等（如表 2-1 所示）。研究者已经通过实验证实了在面试过程中利用 AI 技术对候选人进行性格评估的可行性，这一技术被定义为自动性格识别（Automatic Personality Recognition，APR）。

表 2-1　面试中需要提取的语言特征

特征类别	特征案例
流利性	语速（每秒说出的词语数量）、每个语段的词语数量、停顿的次数、平均停顿时间、长停顿的次数（时间 ≥ 0.5 秒）、语言停顿的次数（嗯、呃等）等
节奏、语调和重音	语音韵律的统计学分布：百分比、均值、中位数和标准差等
发音	以标准发音作为基准，进行词语级别的发音相似度评估
语法	以标准答案语法作为基准，进行语法评估
词汇使用	词汇数量、丰富度和专业度等

在开始构建算法之前，HR 从业者需要对数据进行标注，即通过人工的方式对候选人在面试过程中的表现进行评估。评估方式分为三种，分别是行为尺度量化评估（Behaviorally-anchored Rating Scale，BARS）、基于第一印象的性格评估和整体可录用性量化。行为尺度量化评估的操作步骤是，首先收集能够标注为有效工作和无效工作的关键事件（Critical Incidents，CIs）；然后将收集到的关键事件编辑为相同的格式并提取绩效类别；之后通过一系列的清洗和筛选得到合适的关键事件及与之相对应的绩效类别，通常需要多人分别标注绩效类别，以保证评估的准确性；最后，审查关键事件和绩效类别，生成最终的评估等级。行为尺度量化评估可以完成在面试中与岗位相关的知识和技能评估。

基于第一印象的性格评估对每个性格维度的量化评估都采用了 7 点式李克特量表（7 Point Likert Scale），即 1 代表完全不同意、2 代表不同意、3 代表有些不同意、4 代表中立、5 代表有些同意、6 代表同意、7 代表完全同意。最后，评估人员根据行为尺度量化评估结果和性格评估结果做出整体可录用性评估结果。需要注意的是，每个评估人员需要对候选人在每一个结构化面试中的表现进行一整套评估，如果有 10 个候选人和 5 个结构化面试问题，每个评估人员就需要完成 50 套评估。

面试视频分析在技术层面包括图像数据处理、语音数据处理和语言内容数据处理三个部分。招聘专员可以使用 OpenCV、Dlib 和 OpenFace 等软件完成图像数据的特征提取工作，提取的特征包括头部的姿态、眼睛凝视的方向、基于人脸特征点（facial landmark）的面部表情。语音特征包括语速、音调和停顿等，招聘专员可以通过 pyAudioAnalysis 和 GeMAPS 等工具与方法实现。语言内容的特征可通过 ASR 技术将语言转化为文字，然后通过 NLP 提取语言特征。

提取特征后，HR 从业者就要构建核心模型，既可以选择传统的机器学习模型，也可以选择深度神经网络模型。传统的机器学习模型相对简单；深度神经网络模型可以实现端到端的学习且模型的能力更强。影响模型架构的重要因素是模型的结果输出，当前主要有两类结果输出，一类是输出候选人的性格评估结果，另一类是输出是否录用候选人的评估结果。

对于大多数中小公司而言，完全具备上述技术能力并非易事。不过，好消息是市场上已经出现了相应的产品和服务，Hirevue 公司开发的 AI 面试系统正在被越来越多的公司使用。候选人按照要求录制面试视频，然后上传到平台进行评估和打分。Hirevue 可以通过语气、词汇使用甚至眼神交流对候选人进行打分和排序。该系统还有一个有趣的功能，那就是线上测试可以对候选人进行快速评估。如果候选人申请技术工作，系统可以加入一个快速编码测试，考验候选人与该职位相关的编程语言的能力。该系统在提交问题时会自动给候选人打分，并将他们放在仪表板中，这样招聘人员就能知道应该优先考虑哪些候选人了。

四、智能入职

以下三项技术帮助企业实现了新员工办理入职手续的自动化。

1.OCR 技术

OCR 技术是指通过扫描等光学输入方式将各种票据、报刊、书籍、文稿等印刷品的文字转化为图像信息，再利用文字识别技术将图像信息转化为可以输入计算机的信息技术。这一技术的应用已较为广泛和成熟，但过去较少应用于人力资源领域。直到 2016 年，OCR 技术才开始被逐渐应用到人力资源领域。在对新员工进行背景调查时，招聘专员可以让其将学历证书、身份证等信息提前上传至系统，利用 OCR 技术对信息进行识别，同时对接第三方征信平台（如学信网等），新员工的身份信息验证工作即可快速完成。

2. 刷脸技术

刷脸技术最初应用于企业的行政部门，主要用于门禁刷脸和内部购物。后来，在办理新员工入职手续的过程中也会用到刷脸技术。例如，新员工在收到公司发出的录取通知书后，可以直接通过刷脸技术获得公司后台发来的二维码，用于提前预约报到。

3. 预约系统——端到端的自动化

招聘专员在给预约报到的新员工发送预约码的同时，还可以向其推送公司的公共新闻和入职指南。新员工到达公司并出示预约码后，即可根据入职指南直接前往入职手续的办理地点。另外，由于入职工作往往是批量进行的，为了便于管理，新员工的预约码已经与座位号相匹配。座位上也会放置"入职大礼包"，包括新员工的电脑、办公用品、需要签署的文件、办公文具等。这一技术能让原本需要半天甚至一天的时间才能完成的入职手续缩短至不到一个小时。预约系统打通了候选人与反馈系统、入职系统的关联，既可以实现端到端的自动化，还可以大幅提升新员工对公司的好感度。

入职办理自动化的优势是降低人工成本、提高办事效率，同时确保入职流程的标准化和规范化。目前，入职办理自动化主要有两种方式：随时随地移动端办理入职、智能终端办理入职。随时随地移动端办理入职和智能终端办理入职的具体操作步骤分别如下。

（1）随时随地移动端办理入职

第一步，接收录取通知书。候选人在收到录取通知书时点击同意接收，系统就会自动弹出入职办理须知及"入职登记表"填写页面。

第二步，填写资料。候选人填写"入职登记表"并提交。

第三步，上传资料。候选人上传入职所需资料的电子版，如身份证或护照、学历学位证书、职称证书、银行卡及制作证件使用的照片等。

注意，以上三步应在入职前完成，同时伴随着招聘专员的在线背景调查（如链接公安系统、征信系统、学信网或第三方背调专业机构平台）完成。

第四步，电子签署资料。在入职报到的当天，候选人通过移动端查看劳动合同、保密协议、竞业协议、确认函等，并在线通过电子签章签署相关合同和协议。

（2）智能终端办理入职

第一步，接收录取通知书。候选人在收到录取通知书时点击同意接收，系统会自动弹出入职办理须知及"入职登记表"填写页面。

第二步，填写资料。候选人填写"入职登记表"并提交。

注意，以上两步于入职前在移动端（手机端）完成。

第三步，入职验证。在入职报到的当天，候选人根据录取通知书的提示，带上所需的入职资料，来到公司自助智能触摸屏（koisk）前，刷身份证进行人脸识别，进行人证比对核验（后台会同步公安系统、征信系统、学信网或第三方背调专业机构平台）。核验通过后，系统会向候选人发布入职办理须知。

第四步，资料确认。候选人在 koisk 上确认"入职登记表"。

第五步，电子签署资料。签订劳动合同、保密协议、竞业协议及确认函等，候选人可以通过 koisk 查看并在每页右下角进行电子签名及最后的签字（在此步骤中，后台接入了电子签技术）。

第六步，提交资料。将所需的入职资料（如身份证或护照、学历学位证书、职称证书、银行卡及制作证件使用的照片等）直接扫描上传、归档（在此步骤中，后台接入了 OCR 技术）。

第七步，制作工卡。自动制作工卡、饭卡、门禁卡等，自动获取对应工号、部门等，工卡双面打印且可以是彩色的。至此，入职办理手续完成。

下面根据前阿里巴巴公司资深产品专家曹星于 2020 年 10 月 16 日在 DHR 大会上的分享，介绍阿里巴巴公司的入职案例。

1. 事——入离职流程数字化改造

从各自独立的 HR 系统到拆分重构成为由数据驱动的数字化平台，再到自动背景调查、录取建议值、电子签章、证件 OCR 等智能化模式的摸索，阿里巴巴公司的入离职系统经历了如下改造路径。

以合理发放录取通知书为例。

首先，实现录取通知书的结构化。对阿里巴巴公司而言，最难的不是设计公司的工资、实现福利的结构化，而是实现股权结构化。阿里巴巴公司的子公司众多，上市情况各不相同。因此，它的股权结构十分复杂，把股权数据通过技术手段拉通后，把候选人的工资、福利、股票等汇总起来，才能计算出这个候选人的总收入。

其次，是对标。阿里巴巴公司要考虑到他原来公司薪资的涨幅，同时还要考虑竞争对手的情况。阿里巴巴公司的录取通知书背后的薪酬设计都是按照行业规则由咨询公司完成的，但有时咨询公司的数据不够及时、准确和细致，那么，如何自己收集数据，而不依赖于咨询公司，这是阿里巴巴公司需要思考的问题。

最后，考虑内部公平性的问题。阿里巴巴公司还需要结合候选人的面试表现，考虑相同层级的排名及超均值比例，合理地给他提供有竞争力的薪资。

2. 人——员工数字化

阿里巴巴公司也在探索如何沉淀各个角度的数据，从而全面、客观、立体、鲜活地评价一个人。在评价一个人时，要把员工和管理者区分开。例如，评价管理者，通过标签刻画他的管理经验如何，管理贡献如何，对团队的贡献是什么，这些都需要通过各种场景去沉淀标签。

在沉淀了很多过程数据后，就可以对员工进行结构化和非结构化的评估了，从能力、特质、潜力、价值观和内部社会关系等维度综合评判一个人。

沉淀了员工的标签后，该如何使用呢？

在招聘场景中，可以通过简历信息、非结构化面试评价、结构化的面试数据提炼出他的优势和劣势，通过数据整合及简历匹配模型进行简历筛选。当面试官查看简历时，仅通过标签赋能就可以快速判断这个候选人是否适合该岗位。

在培训场景中，可以根据内部培训人员的特征、类似课程参与人员的特点等数据形成人才画像，通过人群圈选的方式使用标签，提高培训的精准度和有效性。

第三节　人工智能与人才画像

一、人才画像的概念

人才画像是指以岗位要求为基准，定义和描述能够胜任该岗位的人才特征。它由岗位职责和要求（显性信息）与潜质和外延（隐性信息）共同组成。人才画像是人力资源部和业务部门创建的共同语言，是 HR 从业者在深刻理解数据的基础上得出的虚拟人像。

1. 人才画像中的显性信息和隐性信息

人才画像中的显性信息和隐性信息如图 2-8 所示，具体内容分别如下。

图 2-8　人才画像中的显性信息和隐性信息

（1）显性信息

显性信息可以从系统或报表中直接提取，一般是指以下结构化数据：

◇ 个人信息：性别、年龄、民族、籍贯、政治面貌、所在城市、婚姻状
　 态、生育情况、家庭背景等；

◇ 学历信息：毕业院校、专业、学历、学位、是否统招等；

◇ 工作经历：任职公司、部门、岗位、任职年限、项目经验、担任角色、
　 获奖、专利等；

◇ 工作表现：绩效、晋升、调薪、调动、奖惩等；

◇ 沟通协作：邮件频率、即时通信（IM）频率、会议频率、发帖评论次数、
　 点赞次数等；

◇加班出勤：打卡时间、加班、请假、出差等。

（2）隐性信息

隐性信息是指图 2-8 中水平面以下的特征，多为如下非结构化数据，需要通过测评或大数据技术处理得出：

◇专业能力：沟通能力、表达能力、总结能力、文档写作能力、创新能力、学习能力、设计能力、运营能力、逻辑能力等；

◇胜任能力：领导力、战略思维能力、团队管理能力、计划管理能力、客户导向能力等；

◇自我认知：自我观察、自我评价、价值观（包含人生价值观、职业价值观）等；

◇人格特质：情绪稳定性、外向性、开放性、随和性、谨慎性等。

2. 关键人才画像

企业中的关键人才画像包括以下几个部分。

（1）个人基本信息

个人基本信息包括性别、年龄、司龄、学历、地域等。

（2）与工作相关的信息

与工作相关的信息包括职位、岗位序列、职务、职级、绩效、评价、培训等。

（3）综合能力体现

关键人才的综合能力体现在以下几个方面。

◇晋升速度，可与普通员工进行比较。

◇关键人才在跨领域能力方面的表现，如学习经历中的专业背景变化，工作经历中的职位变化和行业变化。

◇绩效与评价。

◇潜力指数。

◇在人才九宫格中的位置。

二、哪些岗位适合做人才画像

不是所有岗位都需要进行人才画像，适合做人才画像的岗位如下。

● 关键核心岗位，如团队领导者、技术负责人等。

● 专业性强的岗位，如数据库开发工程师、JAVA 程序员。

● 在同一职位中有很多任职者，且对企业业绩影响比较大的岗位，如产品经理。

● 企业批量招聘的岗位，如管培生等。

三、人才画像的应用场景

人才画像多用于企业对核心人才的选、用、育、留等环节。人才画像的具体应用场景如下。

1.人才选拔。在出现人才供应的速度难以跟上业务发展的速度、严重依赖外部人才供给、部分岗位的业绩不佳、人才队伍臃肿亟待优化、关键人才流失严重等问题时，企业需要进行人才画像。

2. 人才任用。在出现人岗不匹配、团队成员配置不科学、转型阶段需要任用新类型的员工等问题时，企业需要进行人才画像。

3. 人才培养。在收集与分析培训需求、扫描与评估领导力现状、评估培训效果时，企业可以进行人才画像。

4. 人才激励。在出现优秀人才无法充分发挥能力与主观能动性等问题时，企业可以进行人才画像。

5. 人才配置。通过岗位和人才的匹配度分析，人才画像可以让人才和岗位实现最佳配置，有效降低用人成本、提高工作效率。

四、人才画像的步骤

人才画像的操作步骤如下。

第一步，采集数据。

需要采集的数据（核心要素）包括员工的基本信息、工作经历、教育背景、工作表现、沟通协作情况、加班出勤频率、评价反馈意见、人格特质、专业技能、胜任能力、自我认知和价值观等。

采集渠道包括人才档案、招聘需求表、岗位说明书和人才样本（目标对象的人才样本）。

采集数据的方法包括检索、调研、访谈、关键事件法等。

第二步，整合归类。根据八个要素（工作压力、晋升轮岗、人才发展、培训学习、薪酬绩效、文化氛围、外部热点、办公环境）进行分类，按相近性整合归纳等。

第三步，提炼数据。去粗取精，提炼具有共性的典型特征。

第四步，构建画像。按优先级进行排序，完善画像，同时加入语言描述，如场景描述，做到数字化、标签化。

第五步，验证测试。在招聘的过程中不断验证、不断修正，保持人才画像的及时更新和生命力等。

五、人工智能驱动的人才画像

随着人工智能、大数据技术的发展，数据采集、挖掘、清洗与加工工作变得更加轻松了，模型、算法被越来越广泛地应用于人力资源的选、用、育、留等场景中。

上文提到，人才画像可以分为八个要素，即工作压力、晋升轮岗、人才发展、培训学习、薪酬绩效、文化氛围、外部热点、办公环境，这些要素贯穿了员工职业生涯的全过程。这八个要素及其细分项如图 2-9 所示。

1. 工作压力。员工的工作压力主要来自于工作中，大多因同事之间的竞争关系、工作任务过重、工作责任过大而产生。压力既是一种正向的、强大的推动力，也是一个影响员工工作绩效和职业健康的消极因素。工作压力的细分项一般包括上下级关系、同事关系、竞争行为、职责变换、加班频次、会议频次、休闲时间等。

2. 晋升轮岗。在大部分互联网企业中，一般一年进行两次专业晋升，分别是春季晋升与秋季晋升。轮岗主要是针对高潜干部培养的机制。晋升轮岗的细分项一般包括速度、频次、失败率、效率、行为、反馈等。

3. 人才发展。人才发展的细分项一般包括工作经历、个人技能、职业规划、发展潜力等。

4. 培训学习。培训学习的细分项一般包括学习计划、学习参与、学习反馈、学习推荐等。

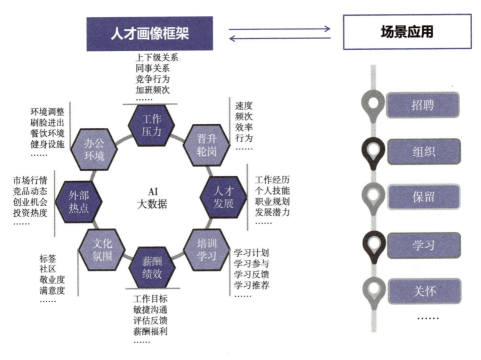

图 2-9　人才画像的八个要素及其细分项

5.薪酬绩效。薪酬绩效的细分项一般包括工作目标、敏捷沟通、考核、评估反馈、评价、调薪、奖金、薪酬福利等。

6.文化氛围。文化氛围的细分项一般包括社区、满意度、敬业度等。

7.外部热点。外部热点的细分项一般包括市场行情、竞品动态、创业机会、投资热度等。

8.办公环境。办公环境的细分项一般包括环境调整、刷脸进出、健身设施、餐饮环境等。

人才画像的本质是从海量的人员数据中抽象建模出每个人的属性标签体系。在技术架构上，人才画像系统包括多个功能模块，分别是数据收集、特征计算、特征库维护、机器学习模型、应用接口和画像应用。员工标签体系的构建应该分层次、分批次完成，可以根据以上八个要素和多个细分项进行分类。

这八个要素和多个细分项的数据分别来自企业的内部系统（如人力资源的"入离升降调、选用育留辞"＋财务系统＋经营系统），以及外部市场与调查机构。这些数据经过清洗与加工，存储在 Hadoop、Spark 或 HBase 等大数据仓库中。

常用的算法模型有逻辑回归、线性回归、深度学习类、基于树的集成学习类、因子分解类等，在人才画像的实际应用过程中经常会组合使用。

可视化是将结果以仪表盘或看板的形式展示给用户，供用户判断与决策参考。

"数据＋模型＋可视化"是企业需要得到的预测性结果，如图 2-10 所示。当然，在不同的业务场景（如招聘、人才盘点、培训、离职等）下，算法模型也会有所不同。足够多的数据，加上精准的模型，再配合业务场景，HR 从业者将有可能得到足够清晰的人才画像，这也是大数据的魅力所在。

图 2-10 预测性结果的"公式"

第四节 区块链在招聘环节的应用

从 2008 年开始，区块链技术逐渐被人们了解。区块链技术的发明人自称"中本聪"，其真实身份至今仍然是一个谜。区块链是一个分布式的共享账本和数据库，具有去中心化、不可篡改、全程留痕、可以追溯、集体维护、公开透明等特点。区块链的账本记录和数据库并不由单一主体控制，信息存储在每个区块链参与主体的计算机中。

顾名思义，区块链是由一系列的"区块"构成的。每一个区块包括记录的数据、该区块的哈希值和前一个区块的哈希值。一旦一个区块在区块链上完成了上链，这个区块就不可更改了。根据区块链数据的隐私要求，区块链可以分为公有链、私有链和联盟链三类。公有链对所有人开放，所有用户都能访问和查看，比特币就是典型的公有链。私有链只对单独的主体开放，因此私有链可以提供更好的隐私保护和交易速度。私有链通常会在一个组织内部使用。联盟链处于公有链和私有链之间，对符合要求的特定主体开放。联盟链可以由多个机构共同管理，每个机构运行一个或多个节点，联盟链可以提供更加复杂的权限设置和管理。

区块链技术在招聘环节中有着诸多的应用场景，具体内容如下。

一、招聘面试与简历筛选

据调查，超过 50% 的企业在申请人的简历中曾发现过虚假信息。在区块链技术发明之前，这一问题通常只能通过耗时且成本高昂的背景调查来解决。现在，区块链的信用机制、不可篡改性和可追溯的能力可以针对上述问题提供完美的解决方案，申请人的工作经历、教育背景和职业资质等信息上链之后，可以极大地降低背景调查的难度与成本，企业也不用通过第三方机构即可实现快速查询和验证。区块链甚至具备替代传统简历的潜力，申请人的学历、工作经验和培训证书等数据都能通过权威机构审核并上链来获得公信力。例如，2018年麻省理工学院（MIT）已经为学生提供了基于区块链技术的电子文凭，在此之后的 MIT 毕业生在求职过程中的学历认证工作就变得更加的安全和快捷，并且彻底消除了伪造 MIT 文凭的可能性。现在，越来越多的大学认识到这一方法的优势，在提供纸质文凭的同时，也为毕业生提供了基于区块链的电子文凭。

同理，求职者与工作经历相关的数据也可以在雇主验证之后上链保存，进而保证所有上链信息的真实性。更重要的是，区块链可以提供颗粒度更细的、包括正面和负面的求职者信息，包括求职者晋升或降职的经历、技能水平和获得的奖项荣誉等，可以帮助面试官更加全面地了解求职者。

二、HR 流程优化

区块链技术能够彻底改变和改进招聘经理的许多日常事务流程。可优化的流程如下。

1. 工资管理

区块链有助于彻底改变工资管理的方式。区块链技术可以降低人为错误出现的概率，同时这个过程的自动化也会提升工作效率、节省工作时间。企业可以利用区块链技术跟踪与工资管理相关的考勤、加班和出差信息，而且能够进行福利管理。

2. 智能合约

未来，基于区块链的智能合约将会逐渐替代纸质合同。智能合约定义了交易条款，明确了违背交易条款而产生的处罚性后果。因为区块链上的智能合约本质上就是一段代码，代码中的条件语句被用来设计在特定条件下执行的合约内容。智能合约可以应用于人力资源管理工作的多个场景。在灵活用工方面，当员工完成合约规定的工作内容或工作时间后，区块链就可以自动给员工发放薪酬；在入职方面，当员工完成了背景调查并提交了符合合约规定的文件后，他们就可以获得访问企业系统的权限；在个税和社保方面，智能合约可以根据政策法规及员工薪酬批量化的完成情况计算缴纳个税和社保的金额。

大型科技公司会利用自身的技术优势在公司内部应用区块链技术，市场上也有越来越多的公司能够提供区块链产品和服务。Aworker 公司构建了区块链平台服务于招聘工作；Indorse 是利用区块链技术构建的 IT 专业人员网络，主要提供 IT 专业技能的测试、评估和认证。在灵活用工方面，ChronoBank 为自由职业者和用工方提供了一个基于区块链技术的短期工作招聘平台，该平台上既没有监管人也没有传统的金融系统，自由职业者可以在平台上完成工作。ChronoBank 开发了智能合约平台 LaborX。雇主通过 LaborX 发布用工需求和工作信息，自由职业者可以在任何时间、任何地点通过该平台找工作。目前的工作内容主要是短期工作类型，包括建筑、清洁、运输和电子商务等。LaborX 平台只收取 1% 的费用，远低于传统职业中介机构的收费标准。ChronoBank 提供了一个新的灵活用工的商业模式，可以通过成本更低、速度更快的方式匹配自由职业者和用工需求；同时，这种模式在税收、社保和用工安全方面也带来了新的挑战。

第三章
人工智能在用才环节的应用

第一节　人员编制与人力成本预算的常用方法

人力资源规划中的一项重要工作就是人员编制与人力成本预算。人员编制的英文是 Headcount，简称 HC，外企常说 HC 管理，国企则说人员编制。人员编制是指企业的人员配置计划，是企业根据自身业务发展情况及组织结构与组织能力等调整人员增减计划的工作。简单地说，人员编制就是编制人员预算和人员招聘计划等。

人员编制与人力成本预算往往是管理者的工作难点，他们要考虑企业共需要多少人？每条业务线、每个岗位、每个级别分别需要多少人？每个部门需要多少人？当企业规模小的时候，管理者可以亲自管理这些工作，但随着团队规模越来越大，管理者就需要依靠机制、体系与方法了。

HR 从业者需要利用大数据挖掘技术搜索、收集、调用内/外部信息（如企业当前经营数据、历史经营数据、政策调整内容等），在对这些信息进行加工处理与建模分析后建立模拟计算器，模拟各条业务线、产品线可能发生的人员成本波动、绩效变动及人员流动的情景，综合分析得出现有组织内部人力使用情况和人力成本报告，并对其合理性进行评估。HR 从业者可以根据评估结果对企业未来的人员编制和人力成本做出预测及调整建议，供企业管理层参考。

一、预算编制的步骤

一般情况下，预算编制工作有六个步骤，即目标预测、中长期规划、年度业务计划、预算编制、跟踪分析和绩效考核，如图 3-1 所示，这六个步骤与目标紧密联系、协调一致。

图 3-1　预算编制的步骤

1. 目标预测，即进行短、中、长期的市场和投资需求预测，目的是设定目标和及时调整目标。目标预测的原则是远粗近细，也就是说，在设定长期目标时可以粗放一些，在设定短期目标时则要细致、准确一些。年度预测要落实到具体产品和业务上。

2. 中长期规划，即企业层面的中长期的综合业务规划，包括战略规划、市场规划、业务 / 产品规划、IT 规划、人力资源规划等，这些规划用于指导业务部门明确工作重点及方向。

3. 年度业务计划，即企业各级管理层为下级单位设定分解后的业务目标，各级业务单位根据目标制订业务计划、提出投资需求。

4. 预算编制，即根据设定的目标及详细的工作计划预测完成这些目标、计划所需要的 HC 资源（含不同的产品线、不同的业务线、不同的岗位、不同的级别、不同的地域等）和人工成本，编制年度预算。

5. 跟踪分析，客观、准确、及时地记录企业发生的业务活动，将实际发生的核算与预算进行差异化分析（如典型的 Curve 分析），关注"例外"事项的管理，同时将结果汇报给相应的管理层。

6.绩效考核，根据目标完成情况和企业的激励制度进行业绩评估，奖励那些完成或超额完成目标的业务人员和管理层。

二、预算编制的周期

在实际操作过程中，预算编制是按照财年进行的，90% 左右的企业按照自然年度（从 1 月 1 日到 12 月 31 日为一个财年）编制预算，少数企业是将 4 月 1 日到次年 3 月 31 日作为一个财年来编制预算。无论采用哪种方式，HC 预算编制的重要工作就是做好人才供需规划与人力成本预算。

图 3-2 是以自然年度为财年进行预算编制的。企业将年度预算细分为月度预算与季度预算。第一季度末进行 3+9 预算调整，第二季度末进行 6+6 预算调整，第三季度末进行 9+3 预算调整，第四季度进行全年收尾预算核查，同时开始制作明年的预算。这一轮循环以分期递进预算控制的形式进行精细化管理，确保年度预算目标的实现。

图 3-2　以自然年度为财年进行预算编制

以某公司的年度预算为例，人力成本预算的计算方式如下。

首先，人力成本预算需要用到以下公式：

✓ YTQ（Year to Q，年初到季度末）＝ Q1 至当前 Q 的累计值；

✓ 人力成本预估占比＝人力成本预估 / 人力成本预算 ×100%

✓（YTQ）人力成本预估占比 =（YTQ）人力成本预估 /（YTQ）人力成本预算 ×100%

（注：95% 是风险警戒线；若≥ 95%，则以红色显示预警）

✓（全年）人力成本预估占比 =（YTQ）人力成本预估 /（全年）人力成本预算 ×100%

最后，人力成本预算的结果可通过表 3-1 表示。

表 3-1 中的数据来源于该公司的人力资源部和财务部。以该公司智行事业部 2019 年第四季度（Q4）预算为例，因为第四季度也是处于年末，所以第四季度的 YTQ 人力成本预算等同于 2019 年的年度人力成本预算，都是34,507,084.12 元。

季度人力成本预估占比 = 季度人力成本预估 / 季度人力成本预算 × 100%

= 3,153,797.33 / 5,459,798.14 × 100%

= 57.76%

（YTQ）人力成本预估占比 =（YTQ）人力成本预估 /（YTQ）人力成本预

算 × 100%

= 32,201,083.31 / 34,507,084.12 × 100%

= 93.32%

（全年）人力成本预估占比 =（YTQ）人力成本预估 /（全年）人力成本预

算 × 100%

= 32,201,083.31 / 34,507,084.12 × 100%

= 93.32%

表 3-1　某公司的人力成本预算结果

时间	成本中心	季度人力成本预估	季度人力成本预算	人力成本预估占比	（YTQ）人力成本预估	（YTQ）人力成本预算	（YTQ）人力成本预估占比	（全年）年度人力成本预算	（全年）人力成本预估占比
2019年 Q4	智行事业部	3 153 797.33	5 459 798.14	57.76%	32 201 083.31	34 507 084.12	93.32%	34 507 084.12	93.32%
2019年 Q4	技术事业部	11 615 378.52	23 843 427.97	48.72%	88 619 622.39	100 847 671.84	87.87%	100 847 671.84	87.87%
2019年 Q4	国际事业部	15 586 522.76	37 707 736.39	41.34%	99 960 442.55	122 081 656.18	81.88%	122 081 656.18	81.88%

以上均未超出风险警戒线 95%，成本支出在合理范围内，系统显示正常。

三、预算编制的模式

预算编制通常有以下三种模式。

1. 自上而下的模式

有些企业在编制预算时采取的是自上而下的模式，即由上级制定关键财务指标。例如，集团给子公司制定要完成的收入额、利润率指标，子公司自行分解预算指标；集团制定总额指标，不干涉子公司的月度预算、分产品预算。华为公司有着比较完善的 IT 系统，打通了财务部门与业务部门的联系（所谓业财一体化平台），所以华为采取的就是自上而下的预算编制方式。自上而下模式的优点是效率高。

2. 自下而上的模式

有些企业在编制预算时采取的是自下而上的模式，因为基层员工最了解自己的工作情况，据实填报可以让预算更加务实、更接地气。这里需要注意的是下级对自己工作的评估与上级对下级的期望未必一致。如果上级看到下级的预算后总在加码，下级便会在上报预算时给自己留出更多的空间，降低自己的考核压力。为了避免出现这种情况，企业在采取自下而上模式时的常用做法是调低产出值（即压低收入、利润和回款），调高支出值（即增加费用、采购等支出）。自下而上模式的优点是更加务实、执行性强。

3. 上下结合的模式

由于自下而上模式和自上而下模式的预算编制模式各有利弊，因此大部分企业采取的是上下结合的模式。

（1）下达目标。企业董事会或经理办公会根据企业发展战略和预算期经济形势，在决策的基础上提出下一年度的企业财务预算目标，包括销售目标、成本费用目标、利润目标和现金流量目标，并确定财务预算编制的政策，由预算管理层下达至各部门。

（2）编制上报。各部门按照预算管理层下达的财务预算目标和政策，结合自身实际情况及预算的执行条件，提出本部门详细的财务预算方案并上报至企业财务管理部门。

（3）审查平衡。企业财务管理部门对各部门上报的财务预算方案进行审查、汇总，提出专业性的建议。在审查、平衡的过程中，预算管理层应当进行充分协调，对发现的问题提出初步的调整意见，并反馈给各有关部门予以修正。

（4）审议批准。企业财务管理部门在各部门修正、调整的基础上，编制企业财务预算方案，报预算管理层讨论。对不符合企业发展战略或财务预算目标的事项，预算管理层应当责成有关部门进一步修订、调整。在讨论、调整的基础上，企业财务管理部门正式编制企业年度财务预算草案，提交董事会或总经办审议批准。

（5）下达执行。企业财务管理部门将董事会或总经办审批通过的年度总预算分解成一系列的指标，由预算管理层逐级下达至各部门执行。

四、预算编制的方法

企业确定各级岗位人员数量及编制人力成本预算的方法有很多种，不同的方法在复杂程度、准确程度、时间与成本等方面各有优劣势，也都有其适用的条件。在实际工作中，企业会综合运用多种方法进行测算与修正。下面概述企业常用的十种预算编制方法。

1. 预算控制法。通过人力成本预算控制在岗人数，而不是对某一部门的某一岗位的具体人数做硬性规定，这是企业常用的定编方法。部门负责人对本部门的业务目标、岗位设置和员工人数负责，在得到上级批准的预算范围内，可自行决定各岗位的具体人数。

如果将人力成本预算与业务结果挂钩，则可进一步增强人员数量控制的弹性和满足业务发展需要的有效性。

人数定额的计算公式如下：

人数定额 = 人力成本总额（业务量 × x%）/ 单位人力成本

2. 业务数据分析法。根据企业的历史业务数据和战略目标，确定企业未来一段时期的岗位人数。这里的业务数据包括销售收入、利润、市场占有率、人力成本等。业务数据分析法的具体应用如下：

（1）HR 从业者将企业的历史业务数据如销售收入、人力成本、毛利润等与战略目标进行比对，确定企业短期、中期、长期的员工编制人数；

（2）将员工人数与历史业务数据进行回归分析，根据企业的短期、中期、长期战略目标确定相应的编制范围，再根据企业短期、中期、长期战略目标的数据确定人员编制。

3. 劳动效率测算法是指根据生产任务和员工的工作效率及出勤等因素计算岗位人数配备的方法，也是指根据工作量和劳动定额计算员工人数配置的方法。实行劳动定额的人员、以手工操作为主的岗位都适用这种方法，具体分为根据生产任务总量定额和根据时间定额测算两种方法，两个公式分别如下。

人数定额 = 生产任务总量 /（员工劳动定额 × 出勤率）
人数定额 = 生产任务 × 时间定额 /（工作时间 × 出勤率）

4.业务流程分析法，即根据企业总的业务目标、岗位工作量、业务流程衔接确定各岗位编制人员比例：

（1）根据企业总的业务目标确定单位时间流程中的总工作量，从而确定各岗位人员编制；

（2）根据岗位工作量确定各个岗位单个员工的单位时间工作量，如单位时间生产的产品数量、单位时间处理的业务数量等，从而确定各岗位人员编制；

（3）根据业务流程衔接，结合上一步骤的分析结果，确定各岗位编制人员比例。

5.管理层/专家访谈法。通过管理层访谈，HR从业者可以获得以下信息：员工的工作量是否饱满、流程是否合理，以及员工编制调整的建议；预测员工在一段时间之后的流向是晋升（本部门内或跨部门晋升）还是调动、轮岗、离职等，统计各部门一段时间之后的员工数量。

通过专家访谈，HR从业者可以获取以下信息：在国内所属行业企业和国外所属行业企业中，各种岗位类型人员的结构信息，包括管理层级和管理幅度等。

6.人员结构比例确定法，即按照员工总数或某类员工数量的一定比例确定定编人数，如职能管理人员数量占比、业务管理人员数量占比、一般专业人员数量占比、产品研发人数占比、销售人员数量占比等。

7.标杆/同业比较法。参考标杆企业或同行业的其他企业里，某岗位人员与其他人员在编制上的比例，并保持这种比例关系的相对稳定。本方法更适合制定辅助类和支持性岗位的人员编制。企业采用这种方法时需要注意，应广泛收集同行企业的人员编制数据，保证将一定的调查数据作为分析依据，否则结果不一定准确。

8.趋势预测法。综合分析历年的招聘情况（如招聘员工总量、地域分布、业务或产品线分布、层级分布、组织发展形态、晋升速度、管理幅度、员工离

71

职率等），做出线性预测分析，得出企业用工总量是处于平稳发展状态、曲线发展状态还是爆发式发展状态的结论。通常来说，至少要有三年的完整数据才能够对比并做出预测分析，同时还要兼顾业务突发事件分析（如产品线的关停并转）、市场热点分析（如创业潮、新兴业务、颠覆性创新等）。

9. 成本控制法，即根据企业的人力成本总预算倒推计算招聘人员数量。人力成本包括人力资源的获取成本、开发成本、使用成本、保障成本和退出（离职）成本等。其中，人力资源获取成本中的招聘费用、录取费用、安置费用以及人力资源开发成本、人力资源使用成本、人力资源保障成本和人力资源退出成本中的离职补偿成本等都属于显性成本。相对地，隐性成本是指通过对其他成本的影响来增加组织运营成本的成本，如员工休病假或事假的缺勤成本、招聘筛选的机会成本、甄选错误造成的低效成本、未通过试用期人员离职造成的补充成本、离职前的低效成本、离职后的岗位空缺成本、低效的企业文化成本、流程不合理或审批链过长的效率成本等。在实际操作过程中，通常企业对显性成本的估算会多一些，如工资、五险一金、商业保险、奖金、调薪、福利费用、培训费用、招聘费用、离职补偿费等，从总预算分摊到各事业部、各个部门的预算，再倒推各个部门、各个层级能招聘多少人，从而预估总的招聘员工数量。当然，HR 从业者利用大数据挖掘技术开展对隐性成本的分析，可以使人力成本预算制定得更加科学。目前，企业常用的做法是将显性成本乘以一个系数，得到人力资源总成本。

10. 双控模式法。由于趋势预测法与成本控制法各有利弊，企业可以将这两种方法结合起来使用，即形成双控模式，既控制了人员编制，又控制了人力成本。目前更精准的方式是 HR 从业者利用大数据挖掘技术实时分析显性成本和隐性成本，通过对组织结构、人员配比、人力成本、升降调转、绩效管理、离职管理等相关信息进行加工处理与建模分析，同时结合对外部数据的多维度分析，模拟可能发生的各种变化情景，对其合理性与风险进行评估，得出人才供需综合分析报告。

总之，无论 HR 从业者采用什么方法，都需要有理有据地说服上级领导、用人部门和预算管理部门。

第二节　人力成本结构性预测、合理性判断

研究组织的人员结构分布与组织形态，对人力成本的预算编制工作有一定的积极作用。

一、人才结构演变规律

人才结构包括四种常见模型，即花瓶模型人才结构、钻石模型人才结构、橄榄模型人才结构和球形模型人才结构，如图 3-3 所示。

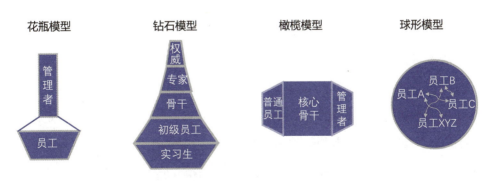

图 3-3　人才结构的四种模型

不同组织业态下的人才结构模型不同，如何进化迭代才能使人才符合企业发展与变化的需要呢？企业可以采用 Curve 分析、预算模拟器等方法。

二、Curve 分析

Curve 分析是近几年兴起的一种数据分析方法，最早可以追溯到海氏评估法（Hay Guide Chart）里岗位的"形状构成"评估应用。海氏评估法又叫"指导图表——形状构成法"，是美国工资设计专家艾德华·海（Edward Hay）于1951 年研究并开发出来，它有效地解决了不同职能部门的不同职务之间相对价值的相互比较和量化的难题。海氏评估法的实质是一种评分法，根据这个系统，所有职务包含的最主要的付酬因素有三种，即知识技能水平、解决问题的能力和承担的职务责任。这三大因素又包括多个二级因素和相应的评分体系。不同因素之间的重要性可以通过权重进行调节，以便适用于不同的组织。海氏评估法认为，一个岗位能够存在的理由是因为岗位任职者必须要承担一定的责任，具备一定的知识技能，产生一定的产出。具备一定知识和技能的员工通过什么方式取得产出呢？那就是通过在岗位中解决其面对的问题，即承担"职务责任"、投入"知识和技能"、最终"解决问题"。海氏评估法按照以上三个要素及相应的标准对岗位进行评估打分，得出每个岗位的评估分，即岗位评估分＝知识和技能得分＋解决问题得分＋职务责任得分。其中，知识和技能得分、职务责任得分与最后得分都是绝对分，而解决问题得分是相对分（百分值），只有调整为最后得分才是绝对分。HR 从业者在利用海氏评估法评估三种主要付酬因素的不同分数时，还必须考虑各岗位的"形状构成"，以确定该因素的权重，据此计算出各岗位相对价值的总分，完成岗位评估活动。所谓职务的"形状"主要取决于知识和技能与解决问题的能力这两个因素相对于职务责任这一因素的影响力的对比与分配。

多年来，业内对 Curve 分析并没有给出合适的中文译名，本书将 Curve 分析译成腰线分析，并做出以下定义：腰线分析是指针对某一类数据以类似正态分布的形式划分"等级"，通过权重调高或调低"等级"使数据在一定的合理范围内以适用于不同的组织，即通过调节腰线的位置和腰的宽度模拟组织排兵布阵是否符合管理要求，从而达到管理的目的。

下面以 ABC 公司某专业序列（P 序列）人数说明 Curve 分析对人才结构的影响。

某年，ABC 公司的员工人数数据及职级的分布如表 3-2 所示，Curve 分析图如图 3-4 所示。

表 3-2　ABC 公司的员工人数统计表

序列	员工人数	占比
P12	2	0.01%
P11	12	0.04%
P10	56	0.19%
P9	199	0.67%
P8	568	1.92%
P7	3 378	11.41%
P6	6 832	23.08%
P5	8 982	30.34%
P4	5 356	18.09%
P3	4 220	14.25%
	29 605	100.00%

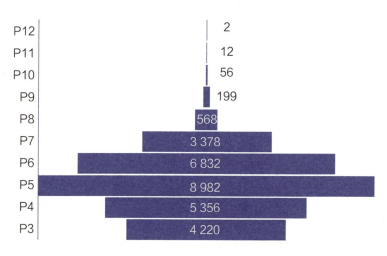

图 3-4　ABC 公司员工人数的 Curve 分析图

从图 3-4 中可以发现，HR 从业者需要调整该公司的人员结构，其中只调整相应层级的人员分布即可，即调整腰线的位置或宽度来改变形状。这就需要 HR 从业者采取以下科学的人力资源管理机制与管理动作。

（1）招聘。通过开展校园招聘的方式解决 P3 层级人员不足的问题，同时布局未来 2 ～ 3 年的企业人才结构与竞争力。其他层级的人员不足问题可以通过开展社会招聘的方式来解决。

（2）晋升。通过控制内部晋升比例调节各个层级人员的结构分布。

（3）岗位调动。内部的岗位调动也可以起到调节各个层级人员分布的作用。尤其是组织调整，能够直接影响企业的人才结构。

（4）离职。员工主动离职和被动离职都可以对企业的人才结构起到一定的微调作用。

在规划人才总量的时候，有些公司是单控，只控制人员编制或人力成本；有些公司是双控，既控制人员编制又控制人力成本。模型相对比较复杂一些，不仅需要考虑 Curve 结构，而且需要考虑地域、学校、学历、年龄、司龄、技能、绩效、薪酬分位等因素。HR 从业者可以通过大数据模型与算法，充分利用历史数据，结合不同的应用场景，做好预警预测，助力管理者制定决策。

三、预算模拟器

预算模拟器的设计逻辑就是模拟测算部门内不同层级、不同人数占用的人力成本，从而达到粗略编制预算的目的。

预算模拟器也可以用于招聘工作。企业用户使用预算模拟器可以计算出是用 100 万元招聘一位 P8 级的高级专家，还是用同样的成本招聘四个 P6 级程序员，或是计算在规定的预算费用内每个级别可以招聘多少人等。

预算编制工作通常采取与自己比、与同行比等方式。当然，人力成本的增长幅度不能高于收入增长和利润增长的幅度，否则就是做无用功。要想让本企业的员工收入高于同行业企业的平均收入，使员工收入具备行业竞争力，提升员工的幸福感，企业就需要创造可持续发展的利润。人力成本与利润这二者是矛盾的，只有在某个点上保持相对平衡，企业才能向上发展并进展顺利，员工收入才能更好。

计算人力成本时有三个著名的黄金不等式，分别如下。

1. 人力成本增长率 < 利润增长率

人力成本增长率 = 人力成本增长额 / 上期人力成本 x100%

其中，人力成本增长额 = 本期人力成本 – 上期人力成本，人力成本增长率越高，说明企业花在人力成本上的费用就越多；反之，说明企业花在人力成本上的费用就越少。

利润增长率 = 利润增长额 / 上期利润总额 x100%

其中，利润增长额 = 本期利润总额 – 上期利润总额，利润率越高，说明企业的利润越多，企业的赢利能力越强；反之，就说明企业的赢利能力越弱。

当利润增长率等于人力成本增长率时，企业的人力成本与利润在理论模型上维持一个相对平衡点；当利润增长率大于人力成本增长率时，企业呈现一个向上的良性发展趋势，理论上员工的收入应该更高（如图 3-5 所示）。

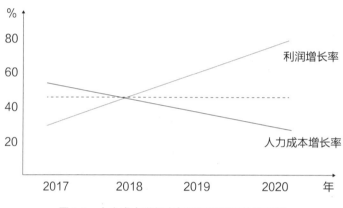

图 3-5　人力成本增长率与利润增长率的关系图

2. 总人力成本占比 < 利润预警线

人力成本占比 = 人力成本总额 / 同期总成本 x100%
人力成本占收比 = 人力成本合计 / 收入合计 x100%

企业管理者都有自己的利润心理底线，也就是利润预警线。只有人力成本占比低于利润预警值时，企业才能不断发展。

3. 人力成本增长率 < 收入增长率

收入增长率 = 收入增长额 / 上期收入 x100%

其中，收入增长额 = 本期收入 – 上期收入，收入增长率越高，就说明企业的赢利能力越强；反之，就说明企业的赢利能力越弱。

第三节　人效关键指标与影响因素

人效有如下两种定义。

第一，人效是人力资源有效性（HR Effectiveness）的简称，是指人力资源管理达成目标的程度。

第二，人效是人力资源效能（HR Efficiency）的简称，它反映人的投入产出比。从本质上看，人效要反映出人力资源系统的有效性。具体来说，就是要计算出不同人力的投入是否产出了相应的效果。简单地说，财务或市场结果除以人力单位，就是人效指标。这是最硬性的指标，也最能彰显人力资源部职能的价值。

人工智能技术应用到人力资源领域后，将重塑人力资源的业务流程与管理模式，为大幅提升人效提供了技术保障与平台支撑。

一、关键影响因素

影响人效指标的因素主要分为外部因素和内部因素两类，具体内容分别如下。

1. 外部因素

（1）经济发展与环境影响，如数字化转型等。

（2）前沿技术影响，如 5G 技术、数字化技术、AIoT、智能制造等。

（3）劳动力市场供给影响，如灵活用工等新型用工形式。

（4）行业人才，如 AI 人才、算法工程师、数据挖掘工程师等的流动情况。

2. 内部因素

（1）供需关系：业务需求与人员关系

企业管理者通过观察需求侧与供给侧变化的趋势，了解现有人员配置情况，有针对性地调整策略。例如，某公司的人员变化幅度普遍小于业务变化幅度（即人员供不应求），说明该公司的人才策略较为稳健和谨慎，管理者可考虑通过加快调控人才结构与分布、提升人员效能的方式实现公司的业务目标。相反，如果某公司的人员变化幅度大于业务变化幅度（即人员供过于求），一般来说这种状态存在于开拓性、创新性、前沿性的技术研发部门。

（2）人员盘点与运营情况，包括数量、结构、质量等情况及改善目标

HR 从业者可通过如下五个维度分析与洞察人才队伍存在的问题，从而制定改进策略：

①对员工结构的分析，如性别、年龄、司龄、学历、地域等；

②对员工价值的分析，如职级、绩效、关键岗位等；

③对员工行为的分析，如敬业度、满意度、风险度等；

④对员工能力的分析，如通用能力、专业能力、领导力、潜力等；

⑤员工大数据分析，如人才画像、标签等。

（3）人员流动情况及预测

通过大数据分析建立员工离职预测模型，该模型主要用于预测员工流失情况并提出预警，结合"企业内部人才继任表"协助 HR 从业者提前进行干预。

通过大数据分析建立人才迁徙地图，该地图可以帮助 HR 从业者及时掌握企业内外部人才的动态，为入、离、升、降、调的管理工作提供数据分析与决策参考。

（4）人效竞争力

企业的人效竞争力主要体现在"人才流量表""人才损益表"和"人才资产负债表"这三张表上。

（5）组织调整变化

在企业发展的不同阶段或不同的历史时期，随着企业经营战略的变化，组织也会随之做出调整，组织的变化就会带来人才排兵布阵的变化，从而影响到人员效率与效能的变化。

二、人效关键指标

1.人力费用率指标

人力费用率是指人力成本在组织总销售额或总运营成本中所占的比例。人力费用率的指标越高，说明组织的人力成本越高，也就意味着人效可能越不占优势。常用的指标公式如下：

81

人力费用率 = 总人力成本 / 总销售额（或总产值）× 100%

人力费用率 = 总人力成本 / 总运营成本 × 100%

2. 人力资本效率指标

人力资本效率反映了每一位员工创造的价值。常用的指标公式如下：

人均销售额 = 组织总销售额 / 员工人数

人均产值 = 组织总产值 / 员工人数

人均利润 = 组织净利润 / 员工人数

3. 人力资本投资回报率指标

人力资本投资回报率反映了在人力资源方面投入的每一笔费用会给企业带来多大的产出。常用的指标公式如下：

元产值 = 组织总产值 / 总人力成本

人力资本投资回报率 = 组织净利润 / 总人力成本 × 100%

4. 增长率指标（也叫黄金不等式）

增长率是指通过对人力指标的增长情况设置一定的目标（阈值），控制人力成本不能超过这个阈值的范围，从而确保人效的质量。企业在使用这类指标的时候，通常会用到如下"黄金不等式"：

总人力成本占比 < 利润预警线

人力成本增长率 < 利润增长率

人力成本增长率 < 收入增长率

第四节　敏捷绩效与薪酬福利

一、目标与绩效管理的方式

目标管理方法（Management by Objectives，MBO）是管理者利用目标管理下级的方法，如图 3-6 所示。当组织的高层管理者确定了组织目标后，HR 从业者必须对其进行有效分解，将组织的整体目标细分成各个部门和每个人的分目标，管理者根据分目标的完成情况对下级进行考核、评价和奖惩。

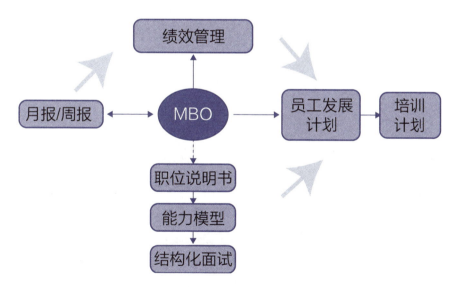

图 3-6　目标管理方法（MBO）示意图

目标与关键成果法（Objectives and Key Results，OKR）是一套明确目标并跟踪其完成情况的管理工具和方法。

关键绩效指标（Key Performance Indicator，KPI）是一种目标式量化管理指标，就是把企业的战略目标分解为可操作的工作目标，它是企业绩效管理的基础。

平衡计分卡（Balanced Score Card，BSC）是由哈佛商学院发明的一种绩效管理和绩效考核工具。

上述几种工具适用于哪些应用场景呢？一般来说，考核初级员工时，企业适合采用 MBO 工具；考核管理层时，企业适合采用 BSC 管理工具。大部分企业适合使用 KPI 工具。OKR 适用于从 0 到 1 的探索型工作，它可以探索各种可能性，寻求更优的解决方案，典型的场景如产品研发、广告公关策划、项目主导型企业等。这些岗位的工作大多需要更好的创意、更多的创新。

二、敏捷绩效

1. 去 KPI 与正态分布

绩效管理对企业来说至关重要，它是整个企业价值输出的导向。进入移动互联网时代后，OKR、人单合一、阿米巴等开始流行。许多企业放弃了强制分布和末位淘汰，纷纷开始转向敏捷绩效，员工与主管可以随时随地通过移动 App 修改目标、反馈意见，当然也可以征求其他专家或项目经理的反馈意见，而且绩效的产出结果不与晋升、调薪直接挂钩。这种方式极大地增强了员工与主管的沟通效果，可以帮助员工及时调整个人发展方向，实现快速成长。当然，有些东西是不可量化的，如工作激情与创新动力等，这就需要 HR 从业者平时多关注员工的工作状况、代码生产情况、行为表现、团队合作情况、沟通交流情况等，利用大数据及 NLP 技术建模，开展定量与定性的综合分析，明确哪些因素可以最大化地提高员工的业绩，从而达到提升组织效能的目的。

英特尔公司和谷歌公司较早使用了 OKR，埃森哲、Adobe、微软、戴尔、通用电气、IBM 等公司已经开始推行敏捷绩效，百度公司也于 2019 年初开始全面推行 OKR。

2. 敏捷沟通

敏捷是一种哲学、一种文化和一组管理实践。敏捷正在彻底改变着人力资源管理领域。

就人力资源管理工作而言，坐在会议室里参加冗长的会议并不总是正确的解决方案，HR 从业者需要与业务部门共同开发解决方案。乔什·伯辛（Josh Bersin）给出了 HR 从业者与业务部门共创解决方案的敏捷模型，如图 3-7 所示。

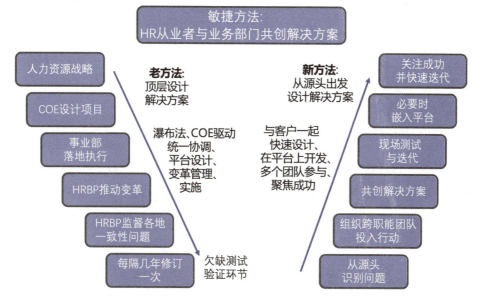

图 3-7　HR 从业者与业务部门共创解决方案的敏捷模型

人力资源部与业务部门共创解决方案，这代表了一种趋势。

过去的做法是顶层设计解决方案，自上而下地完成。公司 COE（专家中心）根据人力资源战略推导并设计相关项目，交付给各个事业部或业务单元落地执行，HRBP（人力资源业务伙伴）在全平台推动变革。与此同时，HRBP 监督并处理各地的一致性问题。每隔几年整个项目就要重新修订一次。这个过程经历了瀑布法、COE 驱动、统一协调、平台设计、变革管理、实施，唯独缺少了测试验证环节。

新的敏捷方法是从源头出发设计解决方案，自下而上地完成。从源头识别问题、组织跨职能团队投入行动、共创解决方案，到现场测试与迭代、必要时嵌入平台、关注成功并快速迭代。这种做法的特点是与客户一起快速设计、在平台上开发、多个团队参与、聚焦成功。

绩效管理被敏捷迭代的典型特征就是绩效沟通与反馈的频次大大提升。很多企业纷纷开发移动端，以移动端对话的形式随时随地与部门经理跟进项目的进展情况。同时，部门经理也会及时反馈员工的优点与不足，以便员工提升个人能力。这些情况会自动形成摘要并记录在系统后台，为下一步开展大数据分析奠定数据基础。

3. 员工敬业度和绩效管理

据某科技媒体报道，亚马逊公司使用人工智能系统判断仓储物流中心员工的工作效率，如果员工的工作效率累计积分达不到标准，该系统就会发出警告甚至解雇的指令。该系统上线后，亚马逊公司仓储物流中心有数百名员工被解雇。

亚马逊将 AI 系统作为了人力资源管理系统的前置数据采集和处理系统。AI 系统先对工作场地的监控视频画面进行分析和处理，识别出员工身份 ID 和相应的行为状态，再把结果作为结构化数据进行输出。这一数据结果可以被用于不同的业务场景中，如用于提高工作场地的安全性，用于对员工的生产效率进行管理。亚马逊公司的 AI 系统通过识别员工是否在工作时间处于"摸鱼"状态而计算出员工的"偷懒时间"。AI 系统可以实时将员工工作行为的状态进行数据化处理，其输出的结构化数据可以作为下游绩效管理系统的输入，为管理行为提供决策建议和数据基础。该决策过程无需人类参与，完全形成业务闭环。

AI 系统的"监工"功能在降低企业管理成本和提升员工效率方面的作用显而易见，AI 系统可以准确计算每位员工每个小时完成的打包数量、每位员工的工作时间。但是，亚马逊允许 AI 系统直接解雇员工这一举动在道德层面也引起了社会上的巨大争议。据说亚马逊最近关闭了这款人工智能，并进行了迭代优化。

亚马逊的案例是在人工智能时代人才管理变革的一个缩影，人工智能在帮助我们解决问题的同时也会带来新的问题。算法可以使竞争环境变得更加公平并能够提高员工敬业度，但我们在使用这些人工智能系统时，也需要警惕因此带来的弊端。网约车和外卖送餐服务让我们的生活变得更加便捷，我们只需要在手机上进行简单操作就可以享受到相应的服务，这些服务最终由网约车司机和外卖骑手完成。司机和骑手通过平台获取报酬，他们却不是平台公司的员工。司机和骑手无法自由管控自己的时间，因为平台对他们的绩效评估是通过算法进行计算并反映到报酬上的，评估标准包括日单量、客单价和用户反馈等。这些司机和骑手被一套复杂的人工智能算法系统管理着，却无法对这套系统施加影响。这是比亚马逊案例更加复杂和激进的情况。在可以预见的未来，越来越多的公司会在人才管理中引入人工智能算法，包括绩效分数评估、员工敬业度分析和管理序列推荐等。当然，完全用人工智能算法管理人并不是一个好主意。企业管理者需要采用更好的方法培训员工，也需要引入更好的技术帮助中层管理者理解如何支持员工并提升员工的绩效。

员工敬业度是人才管理工作中最核心的部分，因为这直接关系到员工为企业创造了多少价值。有各种研究将员工敬业度水平与创新、安全、质量、收入、股东价值、客户满意度、保留率等方面联系起来。这些关联指标会因为行业和企业的不同而有所区别。但是，这些指标一旦设定完成，人工智能技术就可以把这些指标结果输出到仪表盘，并尽可能实时显示特定业务的关联并对关联度进行量化。例如，餐饮服务公司可能会比制造公司更清晰地看到员工敬业度和用户满意度的相关性。因为管理者对员工敬业度会产生巨大的影响，所以该系统可以在建议管理者提升员工敬业度的同时对管理者的管理水平进行评估。有研究发现，管理者与员工的沟通时间及频率和管理者的团队规模都会影响员工的敬业度。人工智能应用程序可以帮助管理者与团队成员进行定期讨论，并且关注员工敬业度水平的实时变化情况。从实践角度而言，提升员工敬业度的过程就是发现和认可员工的贡献并鼓励员工在工作中全力投入的过程。显然，仅仅依靠人工智能技术并不能完全实现这个过程。但通过让管理者拥有更好、更及时的信息，系统可以指导他们与团队成员建立更好的关系。

人工智能对员工敬业度的分析可以扩展到员工绩效管理领域。员工绩效管理中的一个关键问题是如何设定绩效评估的参考标准，包括外部标准和内部标准。外部标准包括本公司员工的绩效水平在所在行业中处于什么位置，和竞争对手相比有何不同，公司在提升员工绩效方面是否有独到的方法或者只是模仿别人的策略。内部标准包括高绩效员工优于其他员工的核心因素是什么；管理者可以轻松挑选出高绩效员工，但不是所有管理者都能清晰地说出挑选的标准；能否将挑选过程进行量化和流程化并保持客观性。在大多数公司中，绩效管理的过程与预期的结果无关，绩效管理系统可以跟踪员工的绩效，但在帮助员工提升绩效水平方面的作用却乏善可陈。人工智能技术可以帮助管理者改进这个流程，在关键时刻支持管理者。例如，公司希望管理者对员工表现进行及时反馈和指导，但在实施过程中，这无疑会受到管理者时间安排和工作风格的影响，并为管理者带来一定的压力。人工智能技术可以帮助管理者及时注意到员工的异常表现，这样他们就不会错过向员工提供反馈和指导的机会。

更重要的是，人工智能技术可以利用历史数据和实时数据预测员工的业绩。一个高绩效员工的特征可以用来为一个特定的岗位建立画像，这个画像可以用于组织的员工招聘和筛选流程。许多公司还会通过定期的组织调查衡量员工的工作满意度。这些数据都可以与员工绩效数据相关联。

对员工绩效数据进行分析与其他人力资源场景密切相关，如员工培训、职业生涯规划和人才保留等。员工在特定部门或岗位上的绩效水平明显下降既可能与员工的能力有关，也可能是由于同一部门的员工数量不足，还有可能因为员工缺少特定的技能培训。管理者还可以根据员工过去的经验、技能和表现判断其是否满足特定职位的晋升要求。

一家大型连锁服务公司在经历了严重的客户流失之后，希望通过提升员工绩效水平来扭转局面。在咨询机构的帮助下，他们重构了员工绩效管理流程，将员工的绩效评估结果与相关的业务结果联系起来。这些业务结果被确定为每个运营连锁商店的客户数量、客户满意度和员工满意度，然后确定直接影响这些业务结果的员工指标，如岗位匹配度、团队合作情况、高级领导能力、沟通能力、薪酬水平、职业发展方向、客户关注度等。这些因素的得分被映射到相关业务结果上，并利用算法进行分析。最终筛选出并可视化那些对业务结果影响最大的业务驱动因素，这些因素按照观察、维护、提升和聚焦等几个等级进行分类。根据这些分类对每个店面的经理的绩效考核权重进行设计。在这项改革完成后的一年时间内，该连锁服务公司的客户满意度提升了20%以上，与此同时员工流失率下降了 10% 以上。

三、智慧薪酬数据分析平台

在人才竞争越来越激烈的当下，如何留住关键人才已成为企业面临的一个巨大挑战。在某些行业中，员工在一家公司的平均工作时间甚至已经低于两年。企业招聘和留住关键人才的一个重要策略就是提供有竞争力的薪酬和激励方案。人力资源数据分析可以为管理者制定薪酬决策提供技术支持。

1. 智慧薪酬数据分析平台

在人力资源数据分析中占比最大的模块就是薪酬。HR 从业者在处理薪酬模块的数据时，要先进行工资数据分析（如计算方法、构成分析、工资支出、预算分析），再进行薪酬政策的数据分析。具体来讲，HR 从业者有如下主要分析活动。

- 人力投入分析
- 人工成本分析
- 人均效能分析
- 人员激励分析
- 外部对标与竞品分析
- 薪酬政策数据分析
- 预算分析

如何才能进行有效的分析呢？ HR 从业者需要搭建一个薪酬管理数据分析平台，如图 3-8 所示。搭建方法类似于人力资源大数据平台或依托人力资源大数据平台。

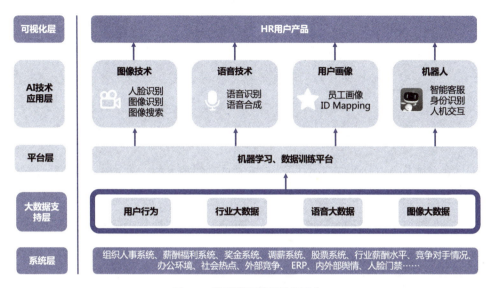

图 3-8 薪酬管理数据分析平台

薪酬管理数据分析平台可以分为系统层、大数据支持层、AI 技术应用层和可视化层。

■ 系统层。企业可充分利用信息化、数字化、人工智能等技术建设相关系统或 App，收集与沉淀数据。这些数据分为内部数据与外部数据两种。内部数据包括来自于组织、岗位、薪酬、考勤、入离升降调、选用育留管、OA、门户论坛、门禁、刷脸、财务、运营等系统的数据；外部数据包括来自于外部市场的分析数据、行业数据、竞品公司的数据、薪酬调研报告的数据等。

■ 大数据支持层。通过数据整理、清洗、加工，对信息进行分类、归档，存储于数据仓库中，以便后续用于与薪酬相关的大数据分析活动。

■ AI 技术应用层。运用 AI 的计算能力开展构建大数据算法模型、机器学习、数据训练、场景分析、主题分析等活动。

■ 可视化层，也称展示层、看板层，它主要为企业管理者、HRBP、
HRCOE 提供各类看板产品和预警预测，为运营分析及管理判断提供智
能参考，如智慧算薪、智慧考勤、薪酬定价、监控预警平台（工资总
额接近或超过预算警戒线、工资月度变动异常预警、激励过度分析预
警等）。

企业运用人工智能技术不仅能够快速且有效地分析、处理员工信息，而且
可以利用"互联网 + 大数据"的优势，深入挖掘市场的薪酬调查数据，通过算
法模型制定适合企业的薪酬管理方案。同时，人工智能技术可以帮助企业实时
监控市场行情，控制薪酬成本，预测企业发展趋势，为企业高层管理者及 HR
从业者的薪酬管理决策提供可靠的依据。

2. 薪资 - 技能神经网络模型

工作技能价值作为劳动力市场中重要的经济学指标，它不仅可以辅助管
理者开展个人能力评估工作，而且可以帮助企业改善薪资结构，吸引和保留人
才。那么，人工智能技术能否对工作技能价值评估进行"精加工"呢？

一篇"AI+ 人才管理"领域的最新研究成果登上了国际顶级刊物《自然》
的子刊《自然·通信》。该研究首次使用了数据驱动的方法，通过机器学习技
术探索了薪资与工作技能价值评估的关系这一重要问题，对社会劳动价值分配
机制的合理性和公平性设计、社会劳动力保障、智能招聘和精准就业、个性化
职业教育等多个领域均有重要价值。以下为该篇论文的内容节选。

公司对薪酬设定的主要依据是员工为公司创造的价值，人力资源管理实践
带给我们的经验是员工创造价值的多少与员工的技能水平、敬业度和文化认同
等因素有着密切的联系。特别是对需要专业技能的岗位来说，员工的技能水平

起着至关重要的作用，如工程师、医生和律师等。但是长期以来，我们一直缺少对影响员工创造价值的因素进行量化分析的方法和工具。因此，公司通常只能采用基于结果的方法对员工创造的价值进行评估。例如，公司以季度或年度为周期评估员工创造的价值，进而对薪酬结构进行调整。这种方法有着严重的缺陷。首先是滞后性。如果一名员工因为技能水平和敬业度等方面的问题，其为公司创造的价值已不能达到公司的要求，公司只有在一个评估周期结束后才能发现这一点，但是他为公司造成的损失已经形成，公司无法提前或者在发生的过程中控制这种风险。其次是模糊性。因为对影响员工创造价值的因素缺少系统性的量化分析，公司无法采取精准的方法优化和提升员工创造价值的能力与水平。

好消息是人工智能的最新研究架起了薪酬与工作技能价值评估之间的桥梁。百度人才智库、中国科学院、北京航空航天大学、中国科学技术大学和美国罗格斯大学的研究人员合作构建了一种具有协同结构的薪资－技能神经网络模型（Salary-Skill Composition Network，SSCN）。这一模型旨在建立工作技能熟练程度与工作薪资之间的量化关系，并且可以将技能价值作为独立变量，分析其对工作薪资的影响。模型通过分析大量招聘信息中的技能要求和薪酬数据，完成了两项任务：实现技能的价值评估和薪酬预测。在技能价值评估方面，模型可以基于工作场景和岗位场景实现细颗粒度的技能价值评估。在薪酬预测方面，SSCN模型超过了SVM、LR、GBDT和其他一系列深度神经网络模型实现了新的SOTA精度。这一研究成果为数据驱动的量化薪酬研究提供了新的方法和算法模型。

目前，该项研究的相关算法已经在百度智能招聘的相关产品中落地，它可以助力智能招聘系统客观、科学地进行简历评估和人岗匹配。除了内部应用外，百度智能招聘系统通过百度大脑对外提供了智能招聘解决方案，将 AI 算力与合适的算法模型相结合，为企业提供了更加高效的智能化招聘服务，把招聘专员从海量简历筛选和琐碎的沟通中解放出来，帮助企业节省招聘成本，在企业招聘的智能化、数字化发展方面起到了很大的推进作用。

四、薪酬智能小助手

薪酬智能小助手是指企业利用人工智能、机器学习、大数据算法模型构建薪酬大数据分析平台，使用市场数据及用户自助数据，帮助人力资源机构、人力资源从业者或企业管理者全面、实时了解市场职位供需情况及工资行情，辅助进行判断与决策，达到知己知彼、保持竞争优势的目的。

薪酬智能小助手主要应用于如下三个场景。

1. 市场职位预测。薪酬智能小助手可以帮助企业管理者了解某一职位在市场中的供需情况，从而决定企业的招聘策略，可以输出"市场职位全面分析报告""市场职位行业分析报告"等。

2. 薪酬模拟器。个人用户上传自己的薪资后就可以知道自己的薪资水平在外部市场上的排名。企业用户则可以根据模板输入本企业相应的内部数据信息，并上传到模拟器平台，与市场数据进行对标，从而得到相关薪酬报告。

3. 录取通知书模拟器。企业用户使用录取通知书模拟器，可以计算出是用 100 万元招聘一个 P8 级的高级专家，还是招聘四个 P6 级程序员；或者计算在规定的预算费用内每个级别可以招聘多少人。如果企业的招聘专员不太熟悉本行业的市场薪酬情况，就可以在录取通知书模拟器上传拟招聘的岗位与预估薪资，从而对标外部市场，了解本企业的薪酬结构是否具有外部竞争力。

五、福利画像

随着全球经济、就业环境、企业人才结构的持续变化与人才需求的多元化发展，员工福利作为企业全面薪酬策略、雇主品牌建设、人才激励的重要组成部分，已经成为企业人才吸引、人才激励与人才保留的重要因素和关键策略。因此，企业管理者开始关注如何发放员工福利才会让员工更有归属感。

1.员工福利计划

员工福利计划是指企业为员工提供的非工资收入的一揽子计划。员工福利计划一般包括以下几类：

- 法定计划是指国家立法强制实施的社会保障制度，包括基本养老保险、医疗保险、失业保险、工伤保险等；
- 自主计划主要包括员工补充养老保险、人寿保险、健康保险、意外保险、体检、子女保险、配偶保险、父母保险等；
- 员工协助方案是指员工帮助计划（EAP）、心理咨询等；
- 生活支持包括年节礼金、生日金、婚丧嫁娶礼金、周年纪念、津贴等；
- 工作生活平衡包括设立各类俱乐部、组织各类集体活动、建立母婴室及睡眠室等。

2.数字化时代的员工福利平台发展路径

（1）传统固定模式

员工福利以单向礼品发放为主，企业需要安排专门的部门负责或多个部门进行协调，从设计方案到竞标采购，再到发放，这一工作对企业的人力、物力、财力的消耗很大。由于传统的福利发放方式是统一方案、统一采购，员工的选择权非常有限，虽然企业投入的成本很高，但是员工的满意度并不高。

（2）弹性计划模式

弹性计划模式是指员工可以从企业提供的福利项目菜单中选择其需要的一套福利方案。具体来说，就是企业建立福利平台，将各项福利、保险、礼品上架，不同级别的员工配有一定的固定积分（币值），员工可以根据自己的需求任意搭配购买。员工可以通过可视化界面清楚地看到福利产品，同时可以加减积分，实现最适合自己的搭配组合。这种模式很好地降低了企业的人力成本，同时极大地提高了员工的满意度。

（3）数字社区模式

在弹性计划模式的基础上，企业增加了游戏化的元素，同时利用数字化技术描绘员工福利画像，通过员工画像建模，结合员工生命周期构建场景化福利，并时刻关注社会环境变化趋势，根据趋势预测员工需求，进一步优化员工画像，为员工推荐不同类别的福利产品。这种模式可以在保证企业人力总成本不变的情况下，大大提升员工体验和员工满意度。

当然，企业可以对不同员工、不同渠道、不同货品进行数据追踪及大数据建模与分析，将分析报告作为指导福利设计或制定决策的依据，为员工提供个性化、智能化的关怀。

六、情绪识别助力关怀

人工智能可以帮助人们完成其想做但能力达不到的事情，如百度大脑的"对话情绪识别"App。自然语言处理技术可以自动检测用户日常对话文本中蕴含的情绪特征，帮助企业更全面地把握产品使用体验、监控客户服务工作质量等。"对话情绪识别"App 具备如下功能。

1. 精细化的对话文本情绪识别

在对话场景中，"对话情绪识别"App 可以识别对话双方文本背后蕴含的用户情绪，一级情绪分为正向、中性、负向三种，正向情绪细分为喜爱、愉快、感谢三种，负向情绪细分为抱怨、愤怒、厌恶、恐惧、悲伤五种。

2. 负向情绪参考回复话术

针对机器识别到的负向情绪，"对话情绪识别"App 可以结合上下文语境给出有针对性的参考回复话术，帮助应用方第一时间安抚客户的负向情绪。

情绪识别与分析的应用场景包括客户质检与监控、对话机器人等。

客户质检与监控可以识别客户在客服咨询中的情绪，如检测出客户已有不满情绪，则及时触发人工客服介入；在人工客服场景下，客户质检与监控既可用于监控客服人员的服务态度，也可对员工的情绪进行识别与分析。

对话机器人可以识别用户在聊天过程中的情绪，帮助人工客服选择更能舒缓用户情绪的回复文本。

"对话情绪识别"App 可以将客服人员与客户的对话储存下来，对语义、语频、语速、语调、音律、音调、基音、振幅、频谱等进行数据化分析，提取情感特征参数；对喜怒哀乐等情绪进行标签化处理；通过机器学习、NLP（自然语言处理）、NB-SVM（朴素贝叶斯支持向量机）等算法模型进行分析研究，最终形成"对话情绪识别"系统。

由于客服人员收到的大部分信息都是投诉，这些充满负能量的信息会给员工情绪带来一些负面影响。HR 从业者可以通过"对话情绪识别"App 及时了解员工的状态，倾听员工的感受，并根据相关提示向客服人员提供一些关怀，减轻或消除员工的心理负担，帮助企业提高员工的工作满意度、绩效水平和在岗率。

竹间智能公司推出的 HR 助理机器人就可以感知人心，管理者通过机器感知加上真人关怀，能够及时帮助员工舒缓心情、释放压力。情绪的感知、预警的提示都是在自然语言理解及意图识别的基础上，通过图像、声音与文字识别出来的。通过自然语言交互和自然语言理解技术，HR 对话机器人不仅能和员工进行一问一答，还能在多轮对话中识别员工意图，帮助人力资源从业者收集员工较为真实的想法，同时基于交互数据的文本和情感分析，快速了解员工的需求和评价，从而为人力资源部制定员工福利或开展员工培训等一系列举措提供数据依据。HR 助理机器人能够接过人力资源从业者肩上的重担，为员工"排忧解难"。当员工在工作中遇到难题，倍感压力又无处排解时，HR 助理机器人可在 HR 从业者察觉之前及时提出预警，请求专家介入，及时疏导，避免员工情绪进一步恶化。

第四章
人工智能在育才环节的应用

第一节　数智化下的学习与人才发展

在 VUCA 时代，处于数字化转型阶段的企业急需吸纳各类人才提升自身的竞争力，尤其是通晓数字化技术（如 ABCD、IoT、AR、VR 等）的人才。人工智能与大数据技术将个人能力评估和课程推荐连接起来，形成了学习地图，用于助力员工成长。未来，企业人才培养的趋势是加强移动化学习、游戏化学习、社交化学习，将人才培养与课程、场景连接起来，做到寓教于乐。

一、以个人为中心转变学习思维

据统计，全球企业每年在员工发展和培训上的支出已超过 3 500 亿美元。即便如此，传统的线下课程培训和 e-learning 的在线培训方式取得的结果也是差强人意。根据密歇根大学（University of Michigan）教授戴维·尤里奇（Dave Ulrich）的研究，在领导力课程的培训中，只有20% ~ 30%的思想和观念会转化为实践。不过，随着 AI 技术更加广泛地应用于在培训和员工发展场景中，这一问题已经发生了积极的变化。首先，学习过程变得更加个性化和定制化；其次，AI 技术可以对学习者进行 24 × 7、一对一的帮助；再次，AI 技术与其他技术相结合，如虚拟现实技术可以提供沉浸式学习方式，让培训过程尽可能接近真实的工作场景；最后，AI 技术可以使培训过程完全数字化，并提供实时的评估反馈和优化。

IBM 公司利用 AI 技术开发了一个名为 "Your Learning"（你的学习）的个性化学习平台，平均每季度有 98% 的员工在这个平台上学习。IBM 的员工平均每人每年在这个平台上完成 60 个小时的学习。平台为员工提供了最受欢迎的课程导航、有针对性的课程安排及紧缺岗位（通常也意味着更高薪酬水平）的技能培训。员工在学习的过程中会得到聊天机器人 24×7 的帮助，同时平台会在员工学习过程中收集进度、成果和行为数据。IBM 人力资源部通过分析这些数据发现了员工的学习强度与其敬业度的相关性，同时确认了学习和业绩成正相关，学习意愿更强、学习量更大的员工的整体绩效会更好。更重要的是，IBM 通过这个平台推荐给员工的课程完成度一直很高，这让员工的整体技能水平与公司的战略方向相吻合。

这种定制化对于培训内容的设计和交付可能更具挑战性，是否可以让员工本人贡献和共享学习内容呢？通常而言，培训内容是由 HR 培训部门创建的，但是用户生成的培训（或非正式学习）正在变得越来越流行。领英公司创建了一个名为 LearnIn 的用户平台，它为用户提供了符合他们个人身份的学习内容。有些学习是规定性的，有些则是自我驱动的。与传统的人力资源培训相比，领英从用户的视角进行了改革，并帮助用户获得了尽可能好的学习体验。埃森哲技能和就业趋势调查发现，培训的新方法非常受欢迎，包括移动交付、社交媒体、大规模开放在线课程和游戏化。这些新型的培训交付模式既经济有效，又能满足学习者的需求，同时员工将不再被迫接受不必要的培训。这种培训模式不仅基于员工喜好或兴趣设计，而且基于学习内容的沉淀和工作经验设计，将会为员工带来更好的绩效表现和长期的职业成功。

以某高科技公司 M 跟踪培训效果为例。2017 年，M 公司招聘了 300 名具有 3～4 年工作经验的软件工程师。入职两个月后，150 名工程师报名参加为期两周的培训项目 YEP。其中，只有 140 名工程师全程参加了这个培训项目，完成了各项任务，并在后续工作中参与了项目实践与测评。在参加 YEP 项目一年后，这 140 名工程师中有 80 人晋升到了更高的一个级别。同期入职但未参加 YEP 项目的 160 人（含未完成的 10 人）中仅有 55 人获得了晋升。表 4-1 是与此次培训有关的效果统计表。

表 4-1　与 YEP 培训有关的效果统计表

是否参加 YEP 项目	晋升	没晋升	总计
是	80（57.14%）	60（42.86%）	140（100%）
否	55（34.37%）	105（65.63%）	160（100%）
合计	135（45%）	165（55%）	300（100%）

下面利用贝叶斯定理（Bayesian）看看培训项目的预测效果。

公式：培训项目的预测效果 =（培训后晋升的概率）/（未经培训而获得晋升的概率）×100%

其中

培训后晋升的概率（P）=（培训后晋升的概率）/（参加培训后未晋升的概率（1−p））x 100%

$$= 57.14\% / 42.86\%$$

$$= 133\%$$

未经培训而获得晋升的概率（P）=（未经培训而获得晋升的概率）/（1−未经培训而获得晋升的概率）x 100%

$$= 34.37\% / 65.63\%$$

$$= 52.37\%$$

因此，培训的预测效果 = 133% / 52.37% = 254%

由此说明，在其他条件相同的情况下，参加培训项目的人比没有参加培训项目的人的升职概率高出 254%。

因此，对员工来说，参加培训项目提高了他们获得晋升的机会；对企业来说，培训项目将在未来产生更好的绩效结果。

二、人工智能驱动人才发展

随着人工智能和大数据技术的发展，机器学习（Machine Learning，ML）对人才发展的算法分析可以为企业的人才识别、人才培养和人才保留提供参考依据，同时也可以推动企业对人才发展工作的投入。

人才发展的核心是以人才盘点为基础，做好人才选拔和人才培养工作。人才盘点的工作非常繁杂，人工智能可以根据员工绩效、能力、潜力的评估结果迅速提供企业需要的高潜人才分布情况（九宫格或 16 宫格），从而使管理者清楚地知道需要招聘哪些人才，需要保留哪些人才，需要培养哪些人才，需要淘汰哪些人员。人才招聘工作也可以利用人工智能技术完成。人工智能技术可以帮助招聘专员更好地识别人才，实现人岗精准匹配，节省招聘时间；可以识别并解析不同格式的电子简历、纸质简历甚至图片，将其转化为统一的简历格式并存入企业人才库；对简历进行分析，结合简历的特征和文字内容抽取其中的关键性信息；通过建立数据库的方式使简历结构化、模型化，从而精准快速地把简历推送给面试官。人工智能技术的应用可以将 HR 从业者从以往繁杂的工作中解脱出来，使面试官能够将更多的精力放在与候选人进行深入交流、识别候选人是否与企业文化及价值观相匹配上。

在人才培养方面，企业也可以利用人工智能技术将员工的岗位、技能、个人发展计划（Individual Development Plan，IDP）等数据与学习地图进行匹配，推荐个性化的学习课程。在人才培养的过程中，员工试用期转正评估、晋升答辩、轮岗评测、年度总结述职等工作都可以通过人工智能技术来完成。这样做不仅节省了管理者的时间，更重要的是人工智能能够更客观、更公正地给出评估结果。人工智能技术还将改变培训模式，不仅能够为员工提供沉浸式的培训体验，而且能够结合员工兴趣、爱好及潜能为其推荐个性化课程，形成员工定制化学习地图，为员工在企业中的学习发展提供方向。更有趣的是人工智能技术能够将培训游戏化，通过盲盒设计等方式增强课程的吸引力，提升员工的学习兴趣。

由此可见，个性化、碎片化、社交化、场景化、游戏化将是未来培训工作的主流趋势。

人工智能在人才发展中的应用主要有以下几个方面。

1. AI 赋能。通过探索 AI 的应用能力，提升 HR 从业者的智能统计分析、数据洞察、数据决策能力，为企业人力资源管理的选、用、育、留、管这五个环节赋能。

2. 人才管理。基于人力资源知识图谱构建员工标签库，建立人才画像体系，通过人才发现、人才识别、团队分析和发展路径等功能，协助企业管理者和 HR 从业者高效发现核心人才。

3. 知识推荐。基于 AI 和知识图谱的技术，整合企业内外部的学习资源，加快知识的智能化沉淀，优化知识领域的个性化推荐，为企业的人才技能培养工作提供智能化方案。

4. 行业分析。在积累内部数据的基础上广泛获取外部市场调研数据，结合企业的招聘信息为内部人才流向、外部人才发展趋势等提供决策支持，丰富企业内外部的人才储备情况，提升招聘工作的质量和效率。

5. 团队管理。利用能力、目标、效能刻画组织和团队，并基于人才画像支持 HR 从业者自定义群体和分析固定群体，跟踪、分析群体指标变化情况和群体差异，为 HRBP 和管理者提升组织能力提供支持。

6. 用户体验。提升入、离、升、降、调等工作的效率，改善全体员工在人力资源服务方面的体验。

三、衡量人力资本投资回报率

人力资本投资回报率（Human capital investment rate of return）是指通过对企业的收入、利润、人力成本等相关因素的量化分析，计算企业在人力资本上每投入 1 元所获得的回报。这是一项衡量人力资源有效性的核心指标。

计算公式：人力资本投资回报率 = 企业净利润 / 人力成本总额 × 100%。

（1）净利润 = 利润总额 – 所得税费用

■利润总额 = 营业利润 + 营业外收入 – 营业外支出

营业利润 = 营业收入 – 营业成本 – 税金及附加 – 销售费用 – 管理费用 – 研发费用 – 财务费用 – 资产减值损失 + 其他收益 + 投资收益（损失用"–"）+ 公允价值变动收益（损失用"–"）+ 资产处置收益（损失用"–"）

■所得税费用 = 利润总额 × 所得税税率

（2）人力成本总额 = 员工工资总额 + 单位缴纳的社会保险费 + 员工福利费 + 员工教育费 + 劳动保护费 + 员工住房费用（单位负担的住房公积金）+ 其他人工成本费用（如发放的伙食补助、交通补助、手机通信费等）

人力资本投资回报率是综合反映收入和成本因素的关键指标。企业可以通过降低销售成本、提高利润率、提高资产利用效率等方式提高投资回报率。激励机制也是企业利用人力资本取得投资回报的重要路径，具体形式包括薪酬方式、福利方式、工作环境、提供学习机会、提供股权方式等内容。该指标既反映了企业生产力和费用控制情况，也反映了组织的效率、企业战略的有效性以及企业目标的实现情况。

随着技术的快速发展和数字化转型的加速，企业需要大量收集与人才发展项目相关的数据，并将其与组织的各项业务和相关成果联系起来。由于人才发展项目会影响到人员管理的各项参数，大型企业通常会使用以下指标来衡量人才发展项目的效果。

- 员工敬业度
- 员工保留
- 提升生产力或降低成本的幅度
- 客户满意度
- 人才管道深度、领导绩效水平
- 创新能力
- 团队合作精神

上述指标与人力资本投资回报率具有强相关性。

西尔斯（Sears）通过"情绪环"测量了零售店员工敬业度对商店绩效的影响。"情绪环"捕捉到员工的情绪如何在一天中发生变化，并影响了客户互动和体验。它处理了100万个数据点，发现心情好的员工会带来更好的客户体验，从而提高了销售额。接下来，西尔斯正在确定与员工"好心情"相关的因素，并将重点放在了提高商店绩效的因素上。

康尼格拉（ConAgra）使用人力资源分析软件预测哪些关键员工最有可能离开公司及其原因。该公司管理者挖掘出了超过 200 个可能导致员工离职的因素，从而为员工保留工作提供了数据参考依据。

施乐（Xerox）公司通过研究呼叫中心员工的流失率，发现家庭住址和工作地之间的距离与员工敬业度及员工保留密切相关。通过综合使用这些参数，施乐公司将员工的流失率从 50% 降到了 30%。

麻省理工学院（MIT）的人类动力学实验室使用专门的电子"徽章"，记录了员工日常生活中关于正式和非正式对话的各种信息，包括对话长度、人员的语气和手势、这些人说了多少、听了多少、打断了多少及他们表现出的同理心和外向性的程度等。研究发现，实验室利用电子"徽章"收集到的数据，通过建模分析就可以预测哪些团队将赢得"黑客马拉松"比赛的胜利。

《哈佛商业评论》研究表明，员工敬业度每提高 5%，将推动客户满意度提高 1.3%，从而使企业收入提高 0.5%。人力资本投资回报率也有正相关的变化。

未来，随着组织利用数据洞察实现自身业务价值提升情况的增加，"数据智能"在人力资本管理中的应用也会越来越多。

四、人才盘点实施方法

企业进行人才盘点的目的是挖掘高素质、高潜力人才，识别组织对不同类型人才的需求，增加企业人才的储备量。通俗地讲，人才盘点工作就是企业使人与岗位实现最优匹配。

人才盘点是组织发展和人才管理的基础性工作，不仅需要汇总常规信息，而且要从人岗匹配、职能配比、胜任特征、绩效趋势等维度进行综合分析，全面和科学地了解组织的人才现状，建立人才供应的长效机制。

1. 人才盘点要解决的问题

（1）人才盘点工作不只是针对人才的，其实人才盘点工作的起点是对组织的盘点，所以管理者要确保现有人才能够支撑企业的业务战略。因此，管理者首先要明确"基于企业未来的战略目标，究竟需要怎样的组织架构、如何设计岗位、如何分配职责"等，然后才可以考虑相应的人才问题。

（2）了解人才现状。通过人才盘点工作，管理者可以明确组织架构和人才需求，掌握组织当前的人才现状，发现人才需求和人才现状之间的差距。

（3）识别高潜人才是人才盘点工作的核心内容之一，它是企业人才梯队建设的基础，能为企业的人才培养工作提供明确的方向。

2. 人才盘点的应用场景

（1）人才潜力分析。根据人才盘点的结果，管理者可以清晰地了解组织内部的人才分布状况，从而采取更具针对性和有效性的管理措施。

（2）招聘配置规划。根据人才盘点的结果，管理者可以明确各类人才的优势和劣势，通过高潜人才的聚合分析和离群分析梳理高潜人才的共性，为人才招聘和岗位调配等提供有力的支持。

（3）职业生涯规划。根据人才盘点的结果，管理者可以帮助员工了解自身的优势和劣势，对自己进行准确定位，明确规划自己的职业生涯。

（4）员工培训开发。根据人才盘点的结果，管理者可以了解每一个员工的胜任能力和绩效表现，为其设计更具针对性的培训内容。

3. 人才盘点的实现路径

（1）实时采集人力资源管理数据，依托最新的、有效的数据对人才现状进行统计和分析，如效能分析、结构分析、数量分析等。

（2）通过九宫格模型对组织内部的人才进行盘点，实时掌握人才在胜任能力和绩效两个维度的表现，并采取有针对性的管理措施。

（3）综合分析人才画像、岗位画像和人才盘点结果，并利用 AI 技术对人岗进行智能匹配，充分激活人才资源。

第二节　游戏化学习的促进

以百度培训学院游戏化学习项目为例来描述数字化时代如何应对培训的挑战。（本节内容节选自时任百度培训经理陈媛的分享）

在百度公司，培训学院会为"90 后"员工提供一个名为 Just for me 和 Just in time 的培训，百度公司认为 Contact is more important than content（连接比内容更重要），也就是在不缺乏信息的情况下，分析企业和员工之间缺少的是什么？可能是一个场景或一个社交化的区域，让员工自动自发地参加培训项目。在这个过程中，培训专员就会发现培训工作存在的一些问题，接下来需要如何解决。

培训专员要先复盘，分析与新员工相关的培训有哪些，公司现在拥有哪些资源。目前，百度公司有两个培训资源，一个是新员工的"应知应会指南"，另一个是新员工的职业化培养，也就是告诉新员工如何顺利成长为职业化的"百度人"。

1.新员工应知应会的游戏化实践（第 1 个月）

每家公司都会有新员工的"应知应会指南"，它既可能是一个几千字的 Word 文档，也可能是由 HR 从业者讲解的几页的 PPT 文件。"应知应会指南"

会告诉新员工，你加入新公司后，未来你需要联系的部门有哪些，联系方式是什么，以及公司常用的办公软件是哪些。但是，新员工真的会认真读完几千字的 Word 文档吗？大多数人是不会全部看完的，尤其是"90 后"员工，相对于枯燥的文稿，他们更喜欢游戏化的、社交化的体验。

（1）"应知应会"游戏化设计思路

新员工入职六个月内所需的资料共有五个篇章，分别是入职篇、学习篇、工作篇、关怀篇、成长篇。百度公司以游戏的形式将如此丰富的内容灌输给新员工，这个游戏非常像冒险岛闯关。当新员工从第一关玩到第五关的时候，就意味着他已经将五个篇章的所有内容都看了一遍。实践证明，以游戏闯关的形式让员工了解应知应会的内容和员工手册是一种很好的方式。百度公司新员工应知应会设计思路如图 4-1 所示。

图 4-1　新员工应知应会设计思路

（2）"应知应会"游戏化示例

图 4-2 就是百度公司"新员工应知应会"的小游戏。在这个小游戏中，新员工可以跳上跳下、做积分、闯关、收集星星、收集钥匙，最后还会得到一个

神秘大奖，同时轻松掌握89个知识点。

图 4-2 "新员工应知应会"小游戏的界面

2. 新员工职业化培养（0—6 个月）的游戏化探索实践

游戏化实践是百度公司新员工入职六个月内职业化培养的游戏化方案。百度公司将新员工培养分为四个时期，分别是蜜月期、定位期、崛起期和成熟期，如表4-2所示。

表4-2　新员工培养的四个时期及其培养内容

阶段	培养内容		
	发力点	目标	举措
成熟期	深度沟通力 团队协作 项目落地能力	成为成熟的职场战士 全面提升沟通影响力 提升项目综合管理能力	线上线下结合 沙龙分享 情景研讨 故事会
崛起期	逻辑思维 执行力 责任心	提升分析/解决问题能力 提高执行力 职业规划	线上线下结合 牛人经验分享 专家学者指导
定位期	应知应会技能 业务敏感度 自驱力	提升时间管理意识 提升高效会议组织能力 提升邮件撰写能力	线上课程自学 文化导师辅导 业务导师辅导
蜜月期	了解公司文化/制度 熟悉公司业务	认可公司文化 加快团队融入	线上课程自学 新兵训练活动

在蜜月期，公司要灌输给新员工的是公司的文化和组织架构等。

在定位期，公司输出给新员工的是基础软技能，如时间管理、会议管理、撰写文案的技巧等。

在崛起期，公司会给新员工提供一些进阶通用的课程，如问题分析与解决能力、执行力、职业规划技能等。

到了成熟期，公司会为新员工设计一些非职权影响力、跨部门沟通的课程。

百度公司会把所有的课程体系都放到在线学习平台上。此时，培训专员就会发现一个问题，把课程放到平台并不代表员工看了、学了，所以培训专员要激励员工在三个月内不断学习、完成课程。这对培训专员来说就是一个挑战，为了克服这个困难，培训学院为游戏化学习平台设计了三套机制，分别是学习机制、社交机制、激励机制，每套机制又有三种功能，这九种功能组成了游戏化学习平台（如图 4-3 所示）。学习机制里的三种功能是学习地图、学习任务、学习资源。社交机制里的三种功能是项目中心、学习社区、社区商店。激励机制里的三种功能是成就勋章、学习排行、财富排行。下面详细介绍各个功能模块。

图 4-3 三套机制：学习、社交、激励

（1）学习机制

学习机制里包含了如下三种功能。

①学习地图：百度公司针对新员工加入公司时的心理变化专门设计了"S"形的学习地图（如图 4-4 所示）。例如，在第一阶段即蜜月期，"S"会呈现一个下沉的状态，因为新员工刚加入公司的时候，他会感到特别开心、特别兴奋，但很快他就会发现自己周围所有的东西都是陌生的，因此他会产生一些沉闷感。

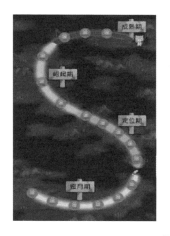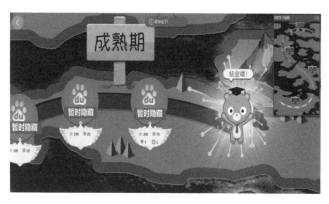

图 4-4 百度公司的"S"形学习地图

到了第二阶段即定位期，新员工开始慢慢寻找自己在组织中的定位，一旦明确了定位后，他就会迅速进入上升期，也就是第三阶段即崛起期，在这个时期，他开始爬坡上升，最后达到一个巅峰，也就是到达了第四阶段即成熟期。所以，图 4-4 呈现的"S"形学习地图完全是按照员工的心理状态及能力表现来绘制的。百度公司绘制这个地图的目的就是让新员工一级一级地学习，一级一级地提升。

②学习任务：在游戏化实践的过程中，每当开始一个学习任务时，新员工都会看到一个弹窗，上面写着：你完成这个任务后，你将会获得什么样的技能，掌握什么样的知识，以及了解到公司有哪些文化价值观体现在这门课中；同时会告诉你，你学完这门课能获得多少个水晶、多少个硬币、多少奖励。

③学习资源。百度公司的培训专员在处理学习资源时，做的第一件事就是将原来 45 分钟的课程全部按知识点拆分成只有 10 分钟的课程，这种细分的学习形式充分满足了员工碎片化学习的需求。

（2）社交机制

社交机制里也设计了三种功能。

①项目中心：在项目中心里员工会看到两个小岛，第一个岛叫做新兵岛，公司的应知应会课程都在这个岛上；第二个岛叫做职业化之旅的岛，上面包含各种专业课程。

②学习社区：学习社区是跳出岛屿之后的一个大平台，这个社区中有广播、有排名，员工的学习分数等级全部在社区中展示出来，方便员工进行对比和交流。

③社区商店：此功能用到了学习金币的概念，也就是说在学习或做任务的过程中，员工可以得到相应的积分，将积分兑换成金币后可以到社区商店里选购物品。

（3）激励机制

激励机制也设计了三种功能。

①成就勋章：员工每完成一个岛屿的课程就会得到一个成就勋章。

②学习排行：学习排行是实时更新的，如员工现在的金币是多少，在学习中用了多长时间，在学习中答对了多少道题，都会在排行榜中不断更新。

③财富排行。员工赚到的钱也有排行，目的是鼓励大家持续学习、不断进步。

学习可以是精彩有趣的，学习中的你也可以是快乐的，这一切都可以由游戏化学习来改变。

第五章
人工智能在留才环节的应用

第一节 离职预测

目前市场上有一种工具叫"人才流失预警",该工具可以掌握员工离职动向,它是由第三方平台提供的。员工只要在求职网站上更新简历,其行为就会被第三方平台记录在案。若企业购买了该平台的服务,隔天就会收到预警提醒。但是,该工具有侵犯个人隐私的嫌疑,其合规性已受到广泛质疑。

那么,有没有一种科学、合规的数据分析方法可以帮助企业管理者预测员工的离职倾向,达到掌握员工动向、降低用人成本的目的呢?

数据分析分为描述性分析、相关性分析和回归性分析三种。离职预测属于回归性分析,对数据的数量、质量、维度、周期都有相应的要求。数量代表数据的大小,数据越多,其分析结果的价值就越大;质量代表数据的准确度;维度包含在数据分析的场景里,不同的场景、不同的主题需要使用不同的分析方法,以便达到最佳效果;周期是指数据的刷新频率,如企业一年开展一次绩效考核,则数据刷新频率为一年一个周期,大数据分析与模型验证一般需要三个周期的历史数据,同时再经历一个实时周期进行试运行与优化,方可达到正式上线的标准。

数据工程师可以利用大数据挖掘技术对员工的相关信息进行建模与分析,一旦发现有离职倾向的员工,可提前告知主管或 HRBP 该员工离职的概率,让主管或 HRBP 在员工离职之前采取行动,或者通过调薪、调岗的方式挽留员工,或者提前补充人力。

HR 从业者做离职预测时可以从薪酬福利、晋升轮岗、办公环境、工作压力、培训学习、绩效与发展、文化氛围、外部热点八大要素出发。其中,每个要素又有若干细分项。例如,薪酬福利可分为付出 / 收入满意度、公司内部公平性满意度、行业内薪酬竞争力满意度等，晋升轮岗包括晋升机会、晋升频次、异动机会等，绩效与发展包括绩效等级、评价、分布情况、个性与工作符合度、工作成就感等，工作压力包括上下级关系、同事关系、企业归属感等，办公环境包括办公设备、工作环境及危险性、工作时间、工作地距离等。HR从业者对这些要素进行业务建模以及大数据建模、多元回归、相关性分析，得出"能力 & 绩效与员工离职风险"的三维示意图，如图 5-1 所示。

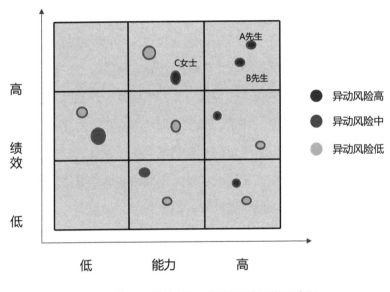

图 5-1　能力 & 绩效与员工离职风险的三维示意图

横轴代表员工能力的强弱，纵轴代表员工绩效水平的高低，黑色圆圈代表风险度高、深灰色圆圈代表风险度中、浅灰色圆圈代表风险度低。

一、离职风险管控

随着各行各业的快速发展，人才的流动性越来越强，由此带来的企业留人的成本也越来越高。

员工离职带来的风险通常有如下几类。

（1）关键技术或商业秘密泄露，企业遭受重大损失。

（2）客户资料泄露，造成关键客户流失。

（3）关键岗位空缺，无继任人选，关键工作无法正常运转。

（4）关键人才带着团队集体跳槽，使本企业的部分工作停滞。

（5）造成企业人心动荡，削减组织的向心力、凝聚力。

对 HR 从业者来讲，利用 AI 模型算法进行的离职风险分析可以马上捕捉员工变化并迅速做出反应，达到预警预测的目的。

结合图 5-1，HR 从业者针对不同员工的表现，可采取的行动如表 5-1 所示。

表 5-1　离职风险与 HR 行动建议

员工姓名	风险指数	风险度	重点保留	继任人选	行动建议
A 先生	0.88	高 +	Y	张三	轮岗
B 先生	0.83	高 +	Y		激励措施
C 女士	0.75	高	N	李四	替换
D 先生	0.41	中			
E 女士	0.34	中			
F 女士	0.22	低			
G 先生	0.09	低 −			

A 先生的离职风险指数最高，为 0.88。同时，A 先生又是高绩效、高胜任力人才。因此，他属于需要保留的人才。他在人才库中的标签是重点保留人才，因此 HR 从业者可以采取扩大职责范围等方式，让 A 先生的工作更具挑战

性。同时，HR 从业者可以选择适当的时机，将 A 先生轮岗到其他岗位，由其继任人选张三接替。这样在保留人才的同时，降低了企业的用人风险。

B 先生的离职风险指数较高，为 0.83。同时，B 先生又是高绩效、高胜任力人才。因此，他也属于需要保留的人才。B 先生在人才库中的标签也是重点保留人才，但是暂时无继任人选。这时 HR 从业者只能采取激励措施，在保留 B 先生的同时，积极从内外部人才库中寻找后备人选，尽量降低企业的用人风险。

C 女士的离职风险指数较高，为 0.75，C 女士是高绩效人才，但其在人才库中的标签不是重点保留人才。同时，C 女士有继任人选李四。因此，HR 从业者可以选择适当的时机，由李四接替 C 女士，对 C 女士另有任用，以此措施降低企业的用人风险。

二、人才保留预警

企业管理者可以通过风险指数与保留标签来预警并提示哪些人才值得保留。如表 5-1 所示，尽管 A 先生与 B 先生的离职风险都很高，但由于他们是重点保留人才，企业也愿意采取各种措施留住他们。

当然，表 5-1 所示的只是若干管理场景中的一小部分。在实际工作中，场景会更为复杂多样，HR 从业者可采取的措施也会更加灵活多变。

以唐僧的四个徒弟为例，哪类员工才是团队需要重点保留的人才呢？如图 5-2 所示，横轴代表员工的敬业度，纵轴代表能力，两个维度形成四个象限。唐僧的四个徒弟代表了团队成员的三种类型。

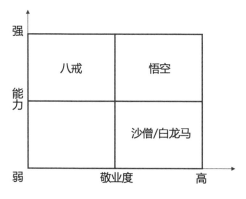

图 5-2　能力与敬业度四象限关系图

HR 从业者通过工具预测到了每种类型员工的离职风险指数之后，可针对每种类型员工采取如下不同的保留措施与管理方式：

（1）对待悟空型（能力强、敬业度高的员工），需要为其描绘清晰的远景目标，给予其充足的信任和授权；

（2）对待八戒型（能力较强、敬业度较低的员工），需要多鼓励他，使其发挥作用，同时画好红线；

（3）对待沙僧／白龙马型（能力弱、敬业度较高的员工），需要对其开展技能培训，让其快速成长。

三、组织与人才动态调配

随着技术的发展，企业可以利用人工智能与大数据技术，对组织的人才结构和布局进行更加智能、全面的分析，对组织配置的不合理性与失调的地方进行调整，形成一个多维的最佳组合，以提高团队的整体效率。

有一种简便的方法可以快速诊断组织配置是否合理，那就是通过管理幅度和管理层级来调配组织规模，使其符合业务发展的要求。管理幅度是指一个人直接管理的下属人员数量。管理层级是指组织纵向划分的管理层次的数量；管理层级与组织规模成正比，组织规模越大，成员越多，其层级就越多。在组织规模相对稳定的前提下，管理层级与管理幅度成反比：主管直接管理的下属越多，管理层级就越少；相反，管理幅度越小，管理层级就会越多。

大数据分析研究表明，管理幅度为 7 ~ 12 人是最科学的组织架构。在被管理对象数量（全体员工）相对稳定的情况下，管理幅度越宽，需要设置的管理层级就越少；相反，管理幅度越窄，需要设置的管理层级就越多。假设每层管理幅度都是 8 人，一个员工数量为 3 万人左右的企业，管理层级只需要 6 层就足够了（即从最底层员工到 CEO 之间的层级）；如果企业员工数量有将近30 万人，7 层架构也足矣支撑，如图 5-3 所示。

图 5-3 管理幅度与组织规模示意图

京东集团有个著名的"8150"原则。

（1）设置机构要满足一定数量的管理幅度要求。一般情况下，管理人员含实线和虚线下属的管理幅度不低于 8 人，仅在实线下属多于 15 人时才能设置平级或下级部门。

（2）对于业务相对单一（如分拣、包装、配送、客服等）的基层部门，其管理者的管理幅度应较大，在满足管理幅度不低于 8 人的情况下，仅在实线下属多于 50 人时才能设置平级或下级部门，或设置副职（限京东物流区域）。

也就是说，公司要求向每个管理者直接汇报的下属不得低于 8 个人；如果不到 8 个人，就减少中间层级的管理者。只有向一个人直接汇报的下属超过 15 人时，公司才允许在同一个管理层级上再增加一个管理者。

"8150" 中的 "50" 是指同一工种的基层员工，要求管理的人员不能低于 50 个人，只有超过 50 个人时才可以考虑设立第二个团队领导。如打包员，如果一个班次的打包人员不超过 50 个人，就只允许设立一个打包主管。如果 50 名打包人员分设成五个小组，设立了五个团队领导，这将是个 "灾难"。所以，50 就是为了基层管理者管理基层员工的。

"8150" 原则的核心是保证组织扁平化。京东正是坚持了 "8150" 原则，才能保证 CEO 和几十万名员工之间只隔了 5 层管理者。

百度通过大数据分析建模，动态扫描组织名称变化、团队规模变化、管理幅度变化、管理层级变化、高阶人才异动情况、团队离职率等情况，进行组织健康度与关键人才的风险指数分析，并提供准实时预警，从而达到确保组织灵活、高效配置、上下同欲的目的。例如，当管理幅度小于 5 人时，系统就会给相应的 OD 负责人发送邮件，OD 负责人就会与 HRBP 共同分析团队配置的合理性；当某业务线管理层级大于 5 时，系统也会发出预警，OD 负责人会检查组织配置的合理性与恰当性。当系统监测到关键人才的离职风险度或管理风险度超过一定的阈值时，HR 从业者也会收到通知，采取轮岗、继任、激励等一系列措施降低风险或避免发生更大的损失，促进组织的良性循环。

第二节 智能关怀

要想充分发挥人才的价值，企业必须构建一个员工关怀的文化和环境。这就意味着，企业需要为这项工作分配一定的资金和资源，同时将员工健康、安全和幸福方面的投资与企业的经营业绩联系起来。

虽然一些公司管理者仍然认为员工关怀计划只是提供给员工的额外福利，但是有些公司已经把员工关怀计划当作了公司战略业务的一部分。这些公司也被称为"最佳雇主"，它们的成功已经证实了员工士气、精神状态、健康、安全和公司盈利状态之间不仅存在相关性，而且存在因果关系。

人工智能时代的员工关怀，在企业层面是为了增强组织的吸引力，在员工层面则是为了打造有温度的职场环境。企业通过对员工生命周期的跟踪、管理和关怀，与企业的"选、用、育、留"人才管理政策直接挂钩，充分发挥了员工的主观能动性与 HR 从业者的战略价值。

一、关联职业生涯事件触发关怀

过去，企业只要支付一定的薪酬就能留住员工；现在，企业要不断地给予员工一定的关爱，关心他们的物质需求和精神诉求，才能提升他们的归属感，减少人员流失。围绕员工入职、在职、离职三位一体的全生命周期，HR 从业者通过"四化"提升员工职场体验，即体验场景化、互动社交化、行为积分化、反馈实时化。

在员工的职业生命周期内，典型的智能关怀场景如图 5-4 所示。

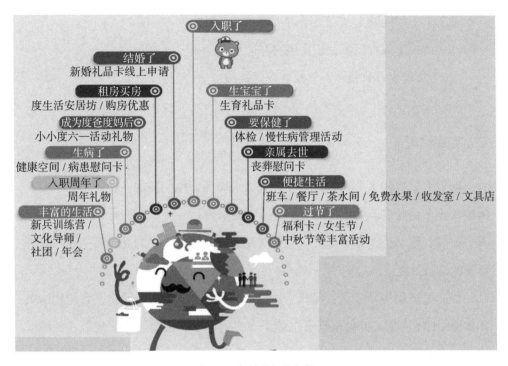

图 5-4　智能关怀的场景

（1）入职前员工可享受免费体检，员工在入职报到时会收到大礼包。

（2）新员工有文化导师、专业导师的引领，可快速适应环境、融入团队。

（3）试用期内有 90 ~ 180 天的新员工游戏化培训之旅，边学习、边打怪、边积分。在此过程中，新员工们熟悉了文化，提升了专业，领到了奖品。

（4）企业为员工送上生日祝福、司龄周年祝福。

（5）组织各种节日活动，如年会活动、三八女神节、五四青年节、六一儿童嘉年华、母亲节参观活动、父亲节书信活动、中秋节礼品、春节礼品等。

（6）企业为员工婚、丧、嫁、娶、生小孩等特殊时期发放礼金。

（7）企业提供温馨的办公环境、免费的食堂和茶水间。

（8）员工如在晚上 9 点后下班可报销打车费。

（9）体检生病有保障，租房买房有优惠。

（10）父母生日有礼金，体检住院管报销。

二、祝福提醒

随着大量"90 后""00 后"年轻人涌入职场，他们更加关注工作的价值和体验，要求企业在职场环境的打造方面要更有温度、更具创造性。因此，通过人工智能、数字化技术实现员工关键时刻的祝福提醒，已成为 HR 从业者发挥价值的必备技能。

智能关怀是指基于员工画像，HR 从业者为员工提供个性化、智能化的关怀体验。HR 从业者可以根据员工的工作方向、学习内容、职业规划、兴趣爱好、日常习惯、社交、消费等进行大数据分析建模，为员工打上相关的"标签"，在员工"工作、生活、学习、发展"的不同时刻触发"机制"，提供个性化的"员工关怀"。"机制"的背后就是基于人工智能、大数据技术的一站式智能关怀服务系统。

相关"机制"如下。

（1）员工祝福。在员工生日当天的一早，系统会通过邮件、移动端 IM 向员工发送生日祝福卡；同时系统也会给该员工的直接主管发送提醒，告知当天有下属过生日，提醒主管表达"关怀"。生日祝福卡上有专属的二维码，员工可以去公司礼品店扫描二维码换取生日礼物，或者去自提柜扫码 / 刷脸自助领取。

（2）司龄祝福。在员工司龄满周年的当天一早，系统会通过邮件、移动端 IM 向员工发送司龄周年祝福卡，感谢员工的贡献与陪伴。每个周年祝福卡的内容不同，卡片的颜色与设计风格也不一样，这样可以让员工每年都有惊喜。同时，公司会发放周年纪念品及司龄徽章，员工可以去礼品店或自提柜刷脸领取。例如，阿里巴巴将员工入职一年称为"一年香"，表达的是认同；满三年称为"三年醉"，意味着成人；满五年称为"五年陈"，意义是传承，团队还会在不同的时点举办特别的纪念仪式。百度的小度熊上会自带徽章，阿拉伯数字代表周年，用白色、灰色、银色、蓝色、金色分别代表员工加入公司的不同阶段，五年发放银熊，十年发放金熊；员工入职十年时，公司会举办特别的仪式，CEO 会亲自为其颁奖来表达认可，让员工收获满满的荣誉感。当然，该员工的直接主管在当天也会收到提醒。

（3）HR 从业者会根据场景不同，设计不同的内容与形式通知员工转正、晋升、绩效反馈、评价反馈等结果，让员工感受到认可和鼓励，在今后的工作中发挥更大的能量。

（4）离职关怀也很重要。入离职流程都是自动化的，如果离职交接内容很多，系统就会通过后台自动校验相关事项，不需要员工问来问去；同时，员工可以在一站式服务大厅里办理需要线下处理的事项（如缴还电脑、工卡等），不需要跑来跑去。离职手续办理完毕后，公司还会发放一套明信片，以示纪念；同时系统会向员工发放离职卡片提示转移档案、社保、户口、党团关系等的注意事项。每逢三大节日（中秋节、春节、司庆日），系统会自动给已离职人员预留的手机发送祝福短信，表达感恩之情。

上述关怀机制既可以降低员工离职率、吸引离职员工回流，也可以提升员工满意度、敬业度。做好离职管理工作，有助于企业在业内树立良好的品牌形象，吸引更多优秀的人才。

三、关怀福利商城

员工福利作为薪酬福利系统的一个重要组成部分，在很大程度上已经成为企业吸引和留住优秀人才、激发和调动员工积极性的一项管理措施。过去那种普惠型的福利已不能满足员工的个性化需求，甚至有可能会降低员工的工作积极性。因此，企业应实行弹性福利制度，建立员工智能福利系统，提高员工的忠诚度与敬业度，使企业和员工达到双赢。

人工智能时代的弹性福利系统集成了用户画像、语音识别、个性化推荐等技术，通过识别员工的个性化需求，实现福利场景化、关怀多样化，为员工提供全方位、个性化的自由组合与选择，实现员工体验全覆盖、生活娱乐一站式的目标。

弹性福利商城通常包含如下内容。

针对企业：

（1）企业有专属账号管理，先消费后结算，合理分配预算，灵活组合科目；

（2）集成供应商资源，企业可一站式配置个性化福利组合；

（3）汇聚各类优质品牌资源，为企业提供全方位、个性化的节日礼品选择；

（4）专属员工服务后台，HR 高效统筹管理。

针对员工：

（1）员工有独立账号，不同级别的员工有不同的积分，员工可消费、可兑换；

（2）自主选择弹性福利（如保险、体检、礼品、补贴等），同时覆盖家人；

（3）可享受个人采购无法获得的团队优惠；

（4）可使用平台账户积分或个人账户在线支付；

（5）功能包括积分发放、福利明细、福利兑换、福利汇总。

度生活—弹性福利平台如图 5-5 所示。度生活是百度为员工提供生活和工作便利的产品，有 PC 端与移动端两种，主打移动端，通过不同的"频道"（生活频道如社团汇、生活站、挂号通、安居坊、跳蚤街、度优惠、健康园、易出行等，工作频道如速查询、问 HR、要盖章等）使员工能够随时随地享受到公司的福利。

图 5-5 度生活—弹性福利平台

各个频道的功能简述如下：

①社团汇：集合篮球队、足球队、羽毛球队、乒乓球队、游泳队、瑜伽社、舞蹈队、歌唱社、读书社、爬山、跑步、户外、动漫、表演等；

②生活站：吃、喝、玩、乐的集合地；

③健康园：基础保险＋补充医疗保险、体检项目组合、健康空间、健康课程等；

④挂号通：与机构合作解决员工挂号难题；

⑤易出行：集成了机票、酒店、火车、打车平台，方便员工出差、旅游等；

⑥安居坊：为员工提供靠谱的房源；

⑦跳蚤街：即二手交易市场，便于员工重新利用闲置物品；

⑧度优惠：提供各种折扣优惠信息；

⑨易会签：进行会议室预定、视频会议、签到打卡、会议记录等会议管理。

第三节　舆情监测

所谓舆情监测，就是企业数字系统从业人员利用中文分词技术、自然语言处理技术、中文信息处理技术，对舆情信息进行过滤、去重、相似性聚类、提取摘要、自动聚类等，建立一个舆情监测系统；在合规的前提下，利用爬虫技术，根据预定的监控关键词扫描重点媒体、论坛、博客、微博等网站里的舆情信息，并对敏感信息及时发出预警，在第一时间将预警信息通过邮件、电话、手机短信等方式通知到相关方。

一、内外部舆情关注

很多企业在内网开设了匿名区，员工们可以在此畅所欲言。内部的舆情分析结果主要用于两个方面：将与业务相关的建议推荐给相关部门参考；将劳动关系纠纷、招聘、文化宣导、品牌宣传等舆情风险预警交给人力资源部处理。据调查，在企业内网中员工讨论最多的是薪酬福利、工作压力、文化氛围、外部机会、个人发展、培训学习。针对这些高频词，HR 从业者需要采取必要的宣传手段，如组织开展薪酬政策说明会、文化宣讲会，举办团建、培训等活动缓解员工压力。

二、品牌预警

在人力资源管理工作中，品牌预警主要用于招人与留人环节。在政策法规允许的情况下，HR 从业者可利用大数据技术对网络公开资料（如微博、论坛等社交媒体和新闻站点、专业论坛等）中涉及本企业的信息（包括正面的、负面的、中性的信息）进行实时监测、数据采集及数据加工，通过建模与算法综合分析明确企业能承受的风险底线，一旦超出则立即报警，根据预案及时进行处理，避免发生舆情危机，保护好企业的品牌与形象。

三、文化迭代

人工智能技术能够依据对员工的文化活动参与度和文化氛围融入度的调查结果，结合几大职场因素（组织、个人、环境因素等）对人员的背景、特征进行大数据分析，构建不同维度的结构化人才保留和激励指标。这一措施对降低员工离职率非常有效。同时，利用人工智能技术开发的机器人助理能够 24 小时不间断地解决员工在日常工作和生活中遇到的各种问题。尤其是在对员工文化活动的参与度等数据进行剖析后，管理者能够更清楚地知道每位员工关注什么、厌恶什么，更清楚地知道组织需要如何引导文化的走向。

四、人才迁徙

企业可通过大数据分析建立员工离职预测模型。该模型主要用于预测员工流失情况并及时提出预警，结合"企业内部人才继任表"协助 HR 从业者进行提前干预。

企业可通过大数据分析建立人才迁徙地图。该地图可以帮助 HR 从业者及时掌握企业内外部人才的动态，为入、离、升、降、调的管理工作提供数据分析与决策参考。

第六章
组织分析与组织画像

在组织层面，无论是金字塔型组织、矩阵式组织，还是纺锤形组织、网状组织，企业高层管理者对组织的要求都是组织灵活、结构优化、配置敏捷、协作高效。

在人才层面，企业管理者需要思考如何利用大数据技术识别和判断哪些是核心员工，哪些是骨干员工，哪些是领军人物。

在文化层面，企业管理者对文化的要求是敏捷创新、上下同欲并赋能组织。

基于上述三个层面的需求，人力资源数字化可以在流程、系统、数据及用户体验四个维度支撑组织架构、人才及企业文化。首先，流程需要合规高效、权责清晰；其次，系统需要做到互联互通，兼具数据化、场景化、智能化；再次，数据需要整合信息，做到细致分析，从而达到辅助决策的目的；最后，用户体验需要贯穿于人力资源管理的整个生命周期中。

第一节　组织形态与特点

组织形态是由组织中纵向的等级关系及其沟通关系、横向的分工协作关系及其沟通关系形成的一种无形的、相对稳定的企业构架。它反映了组织成员之间的分工协作关系，体现了分工和协作框架。简单地说，企业的组织形态就是企业的组织形式、存在状态和运行机制。

随着时代和内外部环境的变化，组织形态也在不断地演变，从直线型、直线职能型变成了事业部型、网状，如图 6-1 所示。

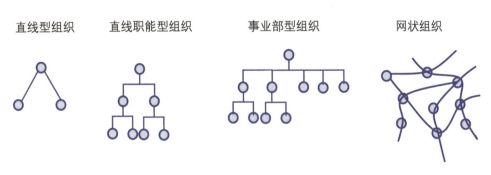

图 6-1　组织形态的演变历程

三种组织形态的特点是层级分明、角色清晰、专业化程度高、管控力度强。网状组织的特点则是灵活、有韧性、对环境变化的反应迅速、创新性强。

网状组织也有不同的形态，它在企业的不同发展阶段会出现如图 6-2 所示的变化。

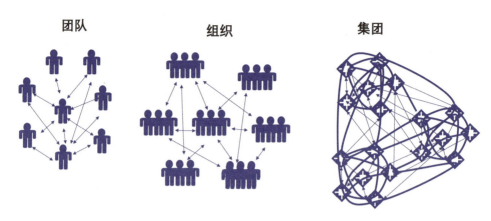

图 6-2 网状组织在不同的发展阶段呈现的不同形态

在演变与进化的过程中，组织具有如下特点。

1.组织结构的扁平化。在信息技术、网络技术及数字化技术的影响与推动下，企业可以在同一层面传递和共享信息，而不必自上而下地层层传达或自下而上地逐级汇报。在企业信息网络平台（数据平台）上，传统的企业员工之间的纵向关系变成了纵横交错的平等关系。企业管理者的信息沟通能力和管理跨度已成倍、甚至数十倍地增长，从而大大缩减了组织结构的层级，使其变得更加扁平化。

扁平化的组织结构改变了原来科层制组织结构中企业上下级之间、部门与部门之间以及组织与外部之间的连接方式，它具有高效灵活、快速反应的优点，其最大的特点就是等级型组织与机动的项目小组并存，具有不同专业知识与经验的人分散在结构复杂的组织形式中，能够加速知识与经验的运转，提高组织的整体绩效。

2.组织关系的网络化。随着企业对人力资源管理信息系统、企业办公系统、沟通交流工具、ERP/CRM 、AI/BI、数字化技术运用的进一步加强，传统职能管理部门中大部分的重复性、例行性工作由系统软件或机器人完成，职能部门的任务只是制定和修改控制程序、处理特殊事件等。职能部门员工的工作方式不再是传统的按照等级下达命令，而是共同协商、相互协作。在企业内部网络平台的帮助下，员工之间的纵向分工不断减少，而横向分工和协作在不断加强。企业以管控（行政命令）为核心的组织关系逐渐变成了相对平等和自主、富于创新与协作的网络关系。组织关系网络化的最大益处就是减少了企业决策与行动之间的延迟，加速了员工对市场和竞争动态变化的反应，使组织能力变得更具弹性与韧性，反应更加灵敏。

3. 组织规模的小型化。在移动互联网时代，小公司的灵活性和创新性明显强于大公司。组织规模的小型化并不是指其产值或市场的缩小，而是指人员规模和组织机构的缩小。面对激烈的市场竞争，许多大公司正通过分拆、剥离、流程再造、数字化转型、业务外包或建立战略联盟等方式使自己的经营实体逐渐变得小型化，从而达到降本增效、提高组织应变能力、提升竞争力的目的。

随着企业的组织管理方式从人才等级制度逐渐转向协作网络团队，人力资源部需要一套新的工具来了解团队动态，管理者也需要采取新的策略来激励、协调和调整团队网络，从而共享信息、协同工作。

近年来，随着劳动力越来越分散，灵活用工的形式越来越丰富，很多人在组织形态之外以个体讲师、咨询师、自由创作者、网络直播者的身份就业，这些工作者彼此之间形成了新的联盟和合作，共同为业务发展赋能。

第二节　组织与组织网络分析

　　传统的人力资源研究和应用实践通常聚焦于个体员工、岗位，以及员工和岗位之间的相互关系。例如，企业对员工的绩效预测和自动离职的预测都是基于员工自身属性展开的。关注员工自身属性和相关属性的方法在很多人力资源管理的应用场景中是行之有效的，但是这一方法并不能在组织层面提供更多的信息和深入的洞察。例如，依据传统的人力资源管理方法，如果人力资源部要评估员工的沟通满意度，就会让员工填写调查问卷。调查问卷的内容包括与沟通相关的问题，如果员工对问题的反馈是正向的，人力资源部就认为组织内部的沟通是顺畅的，对员工沟通状态的调查就可以圆满结束了。但是，这种传统的调研和分析方法能够反映问题的全貌吗？例如，两名员工的沟通频率类似，其中一个人的沟通对象在部门内部，而另一个人的沟通对象既有部门内部成员也有部门以外的成员，那么这种沟通状态在组织层面就是不同的行为模式。类似的问题还有很多，如上班时间段内和下班时间段内的沟通占比分别是多少？不同员工的平均反馈时间是多少？总而言之，传统的人力资源管理方法已无法支撑组织层面的、基于详细数据的、可量化的分析。

　　进入 21 世纪后，随着社交网络的兴起，专家们对社交网络进行了大量的研究，推动了社交网络分析（Social Network Analysis, SNA）技术的逐步成熟。早在 2005 年，朱利安尼（Giuliani）和贝尔（Bell）就利用 SNA 方法研究了智利葡萄酒行业的组织网络中信息传递和知识分享的规律。在此之后，一系列研究应用 SNA 方法分析组织内部的沟通协作和信息传递、部门之间的沟通对绩效的影响，以及分析组织内部的决策模式。

　　这些研究成果反映了 SNA 在人力资源组织层面分析的优势：SNA 提供了

一套对组织状态、行为及驱动原因进行分析和研究的框架。SNA 在人力资源管理领域的应用正在成为新趋势，以组织为研究对象的社交网络分析被定义为组织网络分析（Organizational Network Analysis，ONA）。德勤公司从人力资本的角度对 ONA 进行了定义：ONA 是对组织内部信息传递、沟通协调和决策形成进行分析与可视化的结构化方法。

　　接下来，我们通过一个简化的案例帮助读者对 ONA 与传统人力资源方法的差别产生感性的认识。图 6-3 是传统的组织架构，图中每个字母代表一名公司的员工。组织架构图描述了公司内部管理的层级关系，在信息化程度更完善的情况下会关联员工的个人信息和岗位信息。但是，传统的组织架构图只是对企业的组织架构静态和抽象的描述，它并不能反映实际工作中员工之间的沟通协作情况。实际工作中沟通协作存在的重要特征无法通过传统的组织架构图进行表现，首先，员工之间存在部门内部和跨部门的沟通协作，而并非图 6-3 中描述的只有员工和直接领导之间的沟通；其次，员工之间沟通协作的状态是一个动态变化的过程，这一过程会反映关于组织效能的重要信息。例如，图 6-4 是在特定时间段内，企业员工之间实际的沟通协作情况，相比于图 6-3 的组织架构图，图 6-4 是一个更为复杂的网络结构。

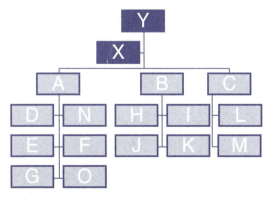

图 6-3　传统的组织架构示意图

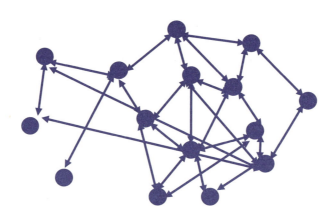

图 6-4　实际上更为复杂的组织网络结构图

一、组织分析的相关名词

组织形态可以使用图结构进行表示。在数学中，图（graph）是图论的主要研究对象，图由顶点和连接顶点的边构成。顶点称为 Vertex，由 V 表示；边称为 Edge，由 E 表示。因此，在数学上图表示为：G=（V，E）。然而在实际应用场景中，图被称为网络，即 Network；相应的顶点 Vertex 称为节点，即 Node，边被称为关系，即 Link。

节点之间的连接分为有向连接和无向连接，有向连接包括单向的有向连接和双向的有向连接。例如，员工 A 和员工 B 进行了交谈，可以表示为 A 和 B 之间的无向连接；员工 C 给员工 D 发邮件，但员工 D 没有回复，可以表示为从 C 指向 D 的单向有向连接；员工 E 和员工 F 之间有邮件往来，可以表示为 E 和 F 之间的双向有向连接。因此，我们也可以把无向连接当作对称的双向有向连接。

1. 度

节点的度（Degree）被定义为与该节点相连的边的数目。在有向图中，所有指向某节点的边的数量都叫作该节点的入度，所有从该节点出发指向其他节点的边的数量都叫作该节点的出度。网络平均度反映了网络的疏密程度，而通过度分布则可以刻画不同节点的重要性。在有向图中，顶点的度分为出度（out-degree）和入度（in-degree）。出度是指从该顶点指向其他顶点的连接数量；入度是指向该顶点连接的数量。

2. 网络密度

网络密度（Density）可以用于刻画节点间相互连边的密集程度，是网络中实际存在边数与可容纳边数上限的比值。例如，5 个节点的网络最多可以有 10 个连接，因此一个拥有 5 个节点和 6 个连接的网络的密度为 6/10=0.6，如图 6-5 所示。

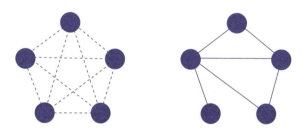

左：5 个节点最多会有 10 个可能的连接；右：实际上有 6 个连接的网络

图 6-5　网络密度示意图

3. 聚类系数

聚类系数（Clustering Coefficient）主要用于描述网络中与同一节点相连的

节点间也互为相邻节点的程度。

4. 接近中心度

接近中心度（closeness）是指图中某节点到其他节点的最短路径的平均长度。

5. 介数

介数（Betweeness）是指图中某节点承载整个图所有最短路径的数量，通常用来评价节点的重要程度。

6. 子图

有图 G′ =（V′ ，E′ ）和图 G=（V，E），如果顶点集 V′ 是 V 的子集，而且边集 E′ 是 E 的子集，则图 G′ 是图 G 的子集。

7. 结构洞

结构洞（structure hole）在图中类似于桥梁，起到连接节点的作用，如果把它从网络中删除就会导致网络分裂为多个子网络。

组织网络分析可以通过图数据库 Neo4j 和 Python 库 networkX 等实现，并进一步实现网络的可视化。与社交网络分析相关的图数据学习理论、方法和应用仍在快速发展中，如和深度学习相结合的图神经网络等，有兴趣的读者可以查阅相关文献。

二、组织网络分析的应用

传统的人力资源分析工具能够提供正式的、显性的和静态的信息，如组

织结构图、沟通调查问卷等；而 ONA 可以发现非正式的、隐性的和实时动态
的信息。企业作为一个社会组织，其组织形态和特征天然地符合社交网络的定
义。HR 从业者需要对员工的价值进行重新定义：员工的价值应该等于员工的
人力资本与社会资本之和，人力资本反映的是员工的个人能力，而社会资本反
映的是员工在组织网络中的连接性。员工的人力资本包括员工满足岗位要求的
技能和能力，员工的社会资本包括和其他员工形成连接并产生影响，以及在组
织网络中传递信息和知识的能力。长期以来，传统的人力资源管理方法难以对
员工的社会价值进行评估和量化。随着 SNA 技术的成熟，人力资源部终于可
以对员工的社会资本进行量化计算了。员工价值的计算公式如图 6-6 所示。

图 6-6　重新定义员工价值

ONA 可以帮助 HR 从业者完成以下工作：

- 对组织的非正式网络进行可视化展示；
- 明确组织中沟通协作的状态；
- 了解领导力的实现方式和关键节点。

上述工作可以帮助 HR 从业者回答传统的人才分析难以回答的问题：哪些
员工具有更强的影响力，哪些员工的离职会对组织的沟通协作带来严重的影
响，新员工是否已经融入团队，管理者的领导力如何实现、如何评估，等等。

通过计算网络中不同节点的介数中心度（betweenness centrality）可以快速
计算每个员工在组织网络中的影响力并识别网络中具有影响力的关键节点，以
及这些关键节点可以对哪些节点产生直接影响。图 6-7 中圈注的员工是网络中

的结构洞，即组织中的关键节点。识别出关键节点的员工，组织一方面可以通过这些员工推动业务转型和组织变革，另一方面也利于制订继任者计划。事实上，起到领导作用的非管理岗位的员工应该被纳入继任者计划中，同时，组织需要控制由于关键节点员工离职而为整个网络带来的风险。

图 6-7　组织网络中的关键节点

第三节　组织网络分析案例介绍

一、百度公司的组织网络分析

百度人才智库（TIC）通过分析部门活力和人才结构，科学评估组织的稳定性，揭示组织间人才流动的规律，为组织优化调整、高效激励人才与促进人才合理流动提供了智能化支持。以人才圈雷达为例，人才圈反映的是找工作也需要"门当户对"。例如，TIC通过挖掘数据发现，美国在线（AOL）招聘的编程人员和媒体人才会呈现出截然不同的层次特点。AOL的程序员大多来自普通的IT公司，几乎没有从谷歌、Facebook这种一线公司走出来的员工。AOL的媒体人才则来自相对更高端的职场圈，如《华尔街日报》《金融时报》等。通过构建这样的社交职业生涯网络，以及对数百万份人才档案和招聘广告进行智能建模，TIC可以预测特定行业和市场圈层的招聘热点，让人力资源部能针对大趋势做好准备和调整。

二、阿里巴巴公司的组织网络分析

阿里巴巴公司利用组织网络分析法，结合调研数据分析结果，可以发现常规组织发现不了的问题。例如，一个组织里有哪些明星人物或边缘人物？这个层级的人是否具有较大的影响力，能否驱动团队？不同角色、不同层级的员工在组织中是否发挥了纽带作用？员工在公司工作的时间越长，其影响力是否就越大？这些问题的答案都可以通过数据去发现。

从电商的角度看，新零售的核心是重构人、货、场。其实，人力资源领域也有人、货、场，如图6-8所示。

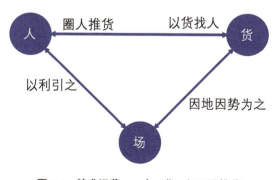

图6-8　精准运营——人、货、场匹配推荐

"人"是了解人才画像,"货"包含 HR 从业者提供的课程、服务、资源等,"场"是思考在何种场景下进行推荐和匹配。以会议室的预定和释放为例,如何通过员工工位的位置及会议室当前是否无人进行双向匹配,让此刻没有订到会议室的员工还有机会抢到闲置且离他最近的会议室,这些都可以通过场的角度和人的连接来实现。

第四节　组织氛围与舆情分析

一、组织氛围概况

组织氛围是指员工在特定环境下工作的感觉,是工作场所的氛围,包括影响个人和群体行为模式的规范、价值观、期望、政策和流程等。简言之,组织氛围就是人们对在某一组织工作的感觉,是在员工的不断交流和互动中逐渐形成的,并对员工的各方面产生一定的影响,是决定员工努力程度的主要因素。

组织氛围与组织的价值观和经营理念有直接的关系,与组织领导者的个性也有直接的关系。也就是说,组织领导者对组织氛围有直接的影响甚至起决定作用。例如,一个性格外向、开朗的领导者可能比较善于调节组织内部的气氛,他愿意花时间与下属沟通,经常组织一些集体活动,组织内部的气氛就会比较轻松;如果一个组织的领导者性格内向、习惯于独立思考,他在组织氛围的营造方面就会缺乏主动性,并且可能会让下属比较惧怕他。

组织氛围是组织文化的重要组成部分之一，也是组织文化建设的重要内容。组织领导者需要把营造组织氛围当作其重要的工作职责，因为良好的组织氛围能够激发组织成员的工作积极性和创造力。

二、组织氛围模型与诊断

通过大量研究发现，组织氛围会影响员工的心理和行为（如工作投入度、敬业度、组织承诺、创新行为等），并通过影响员工的工作态度进一步影响工作绩效。组织内部的支持性氛围会促进组织成员的合作学习，进而影响知识分享的广度和深度。

消极的组织氛围表现在以下方面：

- 员工忽视流程、规范；
- 在开会发言、讨论问题时，员工表现沉闷，不愿意积极发言，只是被动地接受安排；
- 团队成员之间的交流很少，员工很难获得帮助，员工之间存在恶性竞争；
- 上下级沟通交流不畅，同事关系剑拔弩张；
- 员工对待工作拖拖拉拉、没有干劲；
- 组织氛围消极的团队经常处于内耗、争执和埋怨中，员工的敬业度很低，不能产生良好的组织绩效。

积极的组织氛围表现在以下方面：

- 员工认真履行流程、严格遵守规范；
- 在开会发言、讨论问题时，员工乐于主动说出自己的想法；

- 在团队协作中，员工之间可以做到相互帮助、彼此交流顺畅；

- 上下级之间沟通交流顺畅，同事关系健康有度；

- 员工积极对待工作，并认真落实各项工作安排。

在组织氛围积极的团队中，员工的敬业度高，能够产生良好的组织绩效。

在做组织氛围诊断的大数据建模与分析时，HR 从业者需要为诊断调研选择影响因子模型。不同模型的维度（结构）不同，因子颗粒度也不同。例如，员工满意度模型可以包含六大维度的 38 个因子，如 MVVS、工作状况、学习与发展、薪酬福利、人际关系、环境场所等，每个维度又包含若干影响因子，具体如下：

- MVVS：使命（M）、愿景（V）、价值观（V）、战略（S）、政策、机制、流程等；

- 工作状况：职责任务、目标绩效、辅导反馈、升降调转、人岗匹配、能力潜力等；

- 学习与发展：培训计划、工作关联、实践反馈、职业规划、内外部机会等；

- 薪酬福利：薪酬、奖金、福利、中长期激励、荣誉认可、俱乐部等；

- 人际关系：公司高管、跨级主管、直接主管、同级同事、工作压力、团队氛围等；

- 环境场所：工作场所、设施装备、安全健康、生活平衡、公司品牌、行业竞争等。

通过开展大数据相关性的分析，员工满意度模型能对员工产生各种外在支持。员工满意度模型关注的是员工可以感受到的并对敬业度有重大影响的因素。敬业度调研及其成果不仅可以作为研究员工状态与感知的依据，而且能成为组织诊断的工具。

员工满意度模型示意图如图 6-9 所示。

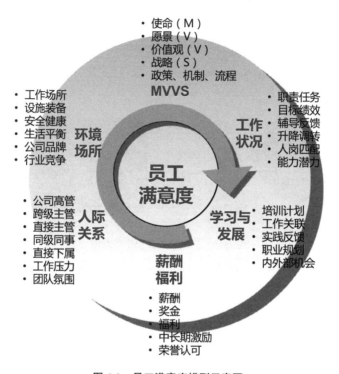

图 6-9　员工满意度模型示意图

员工敬业度主要关注员工对组织的认知与情感、行动的投入。它可以提炼总结出六大维度，包括"贡献""满意""投入""留任""信心"和"推荐"。这六大维度的基本定义如下：

● 贡献：员工在本岗位上做出的成绩；

● 满意：员工以客户为中心的行为可以提升客户满意度；

● 投入：员工乐于努力工作，提升企业的人均产出；

- 留任：员工乐于在企业长期工作，企业能够实现保留员工的目的；
- 信心：员工看好企业的未来发展，团队整体氛围积极向上；
- 推荐：员工愿意主动向他人推荐本企业，企业能够实现人才增长的目的。

员工敬业度模型如图 6-10 所示。

图 6-10　员工敬业度模型示意图

净推荐值（Net Promoter Score，NPS），亦可称口碑，是指计量某个客户将会向其他人推荐某个企业或服务的可能性的指数。净推荐值也可作为一种调查工具，HR 从业者利用它向客户提问，如是否愿意向朋友及同事推荐该企业（如果愿意，提出理由）。根据回复，客户被分为"推荐者""被动者"和"贬损者"三类。用"推荐者"的百分数减去"贬损者"的百分数，就得出了净推荐值的最后得分。

净推荐值（NPS）=（推荐者数/总样本数）×100%–（贬损者数/总样本数）×100%

推荐者（得分在 9 ～ 10 分）：是具有狂热忠诚度的人，他们会继续购买本企业的产品或服务并引荐给其他人。

被动者（得分在 7 ～ 8 分）：总体满意但并不狂热，有可能会考虑其他竞争对手的产品。

贬损者（得分在 0 ~ 6 分）：对本企业不满意或者对本企业没有忠诚度。

NPS 公式的计算逻辑是推荐者会继续购买本企业产品或服务，批评者则会破坏本企业的口碑。

NPS 是最流行的客户忠诚度分析指标，重点分析客户忠诚度如何影响企业成长。通过密切跟踪净推荐值，企业可以让自己变得更加优秀。

人力资本指数（Human Capital Index，HCI）是计算人力资本和股东价值相关性的指数。如果企业的人力资本管理得好，股东回报率也会相应较高。通过对大量行业数据进行研究，运用一系列的多次回归分析，结果证明，人力资本投入指数与股东收益成正比。HCI 值的范围为 0 ~ 100，数值越大，表明企业的人力资本管理状况越理想，股东的收益就越大。

HR 从业者要通过 NPS、HCI 等多种调研分析工具，研究人力资本的投入与股东回报的关系，从而采取有效措施进行改进与完善。华信惠悦公司研究发现，优秀的人力资源管理等同于良好的股东价值；健全的人力资本管理（明确规范的奖惩制度与权责划分、选聘与保留人才的能力以及平等而有弹性的工作环境等）可以使员工的敬业度变得更高。总之，完善的人力资源管理制度及高效的人力资源管理功能与企业获得丰厚的回报是正相关的关系。

第五节　组织健康度

如果把一匙污水倒进一桶酒中，你得到的将是一桶污水。团队系统非常脆弱，很容易被侵害。每个团队都有自己的健康程度和情绪能量，一个团队的健康程度往往影响着团队绩效和团队发展。

团队健康度是指在一定周期内，团队的工作安排、员工工作的积极性、团队贡献能力、员工留任意愿等因素综合叠加而形成的一个相对的状态。通过大量的数据分析，专家发现，团队健康度与绩效水平是正相关的关系，团队健康度可以成为预测团队实现高绩效、高利润的先导指标。

大部分企业在组织健康度方面存在核心人才与关键岗位空缺，衡量数据全面性与客观性不足，难以评估员工离职对团队造成的冲击，缺乏团队健康度的可视化展示与智能建议等问题。

对 HRBP 来说，他缺少关键岗位盘点与关键人才流失预警及监控团队健康状况的智能平台。

对管理者来说，他缺少一个交互式智能助手，使团队的关键信息可以展示在智能可视化界面上。管理者希望可以随时查看团队状况，保证团队的状态在合理范围之内，员工工作状态饱满、协作高效、创新力良好，团队运营状态正常等。

HRBP 和管理者目前获取的与团队健康度相关的信息维度还不够丰富，数据质量不高，智能化程度不高。这就要求 HR 从业者建立一套模型，以终为始，分析研究 HRBP 和管理者需要哪些数据，从而在系统建设上适当埋点、自然收集。

本节将给出一个团队健康度模型，为 HRBP、管理者提供一个团队健康度的可视化诊断工具。团队健康度模型具备团队健康度预警功能，可以协助管理者更加客观、及时地做出决策，确保团队健康度能够满足团队的良性发展需要。

那么，哪些维度会影响团队健康度呢？我们总结为如下十大维度。

■发展方向：向员工传递清晰明确的、简单直接的、强有力的使命与愿景，让员工了解组织的发展方向、如何实现目标及其对员工的意义，达到"上下同欲"的目的。

■文化和氛围：在企业内部上下宣导并践行一套深入人心的价值观，在日常行为中体现出来，并在试用期考核、绩效考核、360度考核评价中进行检验。

■团队状态：即团队工作安排的情况，具体指团队业务、团队目标、团队结构、团队地位、团队氛围、团队能力、团队绩效等方面的特点。

■贡献意愿：指团队成员有多大的驱动力留在团队中，并愿意为团队的发展目标贡献自己的知识与技能。

■贡献积极性：指团队员工在个人薪酬、发展空间、团队氛围等因素的影响下是否主动自觉工作。

■战功：指员工给企业带来的贡献的大小与贡献的稀缺性，可从日常工作行为、工作绩效等维度进行衡量。

■武功：指员工的专业技能、通用才能与工作潜能等，它直接影响员工工作的质量和效率，可以用来评判员工是否具备胜任某一岗位的能力，是否可以作为潜在人才培养。

■动力：培养员工的忠诚度与热忱，提倡员工源源不断地创新，鼓励员工尽力追求最佳绩效。

■离职预测：预测员工离职或转岗的可能性，管理者可提前采取措施维持团队状态。

■替代成本：指员工离职后，企业从招聘新员工到新员工顺利上岗所需要的成本，其包括时间成本、人力成本、经济成本、管理成本等。替代成本与员工的优秀程度、稀缺程度成正比。

团队健康度平台的主要构成内容如下。

（1）描述员工或关键人才的状态

■ 战功情况

■ 武功状态

■ 贡献意愿评级

■ 离职风险度

■ 替代成本评级

■ 动力指数

（2）描述团队情况

■ 团队结构（排兵布阵）

■ 团队业务属性

■ 团队健康度评级

■ 团队健康度预警

■ 团队健康优化建议

（3）描述组织情况

■ 组织气氛指数

■ 文化价值观评级

■ 目标达成指数

第六节　组织效能

组织效能是指组织实现既定目标的程度。这些目标既可以是特定的产出（生产率或服务质量）、设定的效率目标，也可以是内部流程的协调程度，以及获得、创造竞争优势所需资源的程度。组织效能主要体现在能力、效率、质量和效益四个方面。组织效能的影响因素主要有两个，即外部环境（如政治、法律法规、科技、行业等）和内部环境（如组织架构、业务流程、管理机制、员工能力、企业文化、数字化水平等）。

那么，如何衡量组织效能呢？这就需要 HR 从业者从多个角度判断组织是否达到了它设定的目标，以及它的全部潜力。HR 从业者根据既定目标和 KPI 创建一个更为详细的效能计分卡与系统的评估方法，可以用来定期评估和跟踪组织的实际有效性，以及发现改进的方向。要想提升组织效能，HR 从业者就必须善于利用大数据技术收集信息、建模分析，对企业现有的组织效能进行全面、深入、准确的评估，看清企业当前的效能现状，厘清优势和不足，预测未来趋势，为决策判断提供辅助依据。

下面从四个维度进行业务建模、大数据建模，并且说明如何衡量组织效能、团队效能。

（1）团队目标

■明确团队目标

- 判断团队目标是否明确、清晰；
- 确定团队周报（过程管理）填写比例、月报季报（项目管理）完成程度；

- 明确团队工作、业务发展方向的清晰程度。

■认可团队目标

- 团队成员对团队目标的认可度、一致性；

- 团队成员了解团队目标的清晰度；

- 团队成员分配工作角色的合理性；

- 团队成员兼岗角色占比、重复角色占比。

■有效工作成果

- 目标达成情况、业绩完成情况，同比、环比增长率；

- 客户满意度和认可度；

- 团队成员的专利申请情况和获奖情况；

- 团队创新型项目情况；

- 团队多元、敏捷工作机制情况。

（2）团队能力

■专业能力

- 团队业务敏锐度、业务互信度；

- 团队成员的专业能力（如产品规划、方案设计、项目管理）是否满足
  管理者的期望；

- 团队创新能力、适应变化能力；

- 团队前沿技术的掌握能力，评估未来三年的市场紧缺度。

■学习能力

- 团队学习能力与反思能力；

- 对新技术、新趋势的接纳能力。

（3）团队健康度

■团队健康度的衡量维度参考上节内容。

（4）组织活力

■沟通与协作

- 团队内部沟通与协作顺畅指数；

- 跨团队沟通与协作顺畅指数；

- 团队成员互信度。

■活力指数

- 关键人才流动率；

- 关键人才流失率；

- 关键人才晋升成功率；

- 高绩效员工留任率；

- 后备人才准备度。

当然，企业会在不同的发展阶段表现出不同的状态，相应的组织效能影响维度与指标也会有所差异。即使在企业内部，不同的业务形态处于不同的发展曲线上（如第一曲线、第二曲线、第三曲线）也会有很多差异。随着企业的发展，数据积累会越来越多、越来越丰富，组织效能的洞察就会越来越接近事实。

一般情况下，随着数据积累程度的加大，HR 从业者可以利用以下三种措施评估组织效能。

- ■ 监控。当数据以结构化信息为主时，HR 从业者可以通过数据化的方式及时监测经营、运营、组织与人力资源管理方面的效能状况。
- ■ 诊断。当数据量积累到一定程度时，HR 从业者可以根据战略目标设置每一个指标的正常区域和警戒区域，一旦出现问题可以进行预警并作针对性处理。
- ■ 洞察。在长期积累数据后，HR 从业者会发现大量有价值的非结构化数据。通过分析对比，HR 从业者能从数据中发现很多组织效能方面的隐形问题，从而找出驱动因素，并进行有针对性的提升和整体联动。

第七章
人工智能时代的三支柱模型

第一节　人工智能时代三支柱的变化和作用

一、人力资源转型

企业为什么要进行人力资源转型呢？因为 HRBP（人力资源战略伙伴）的事务性工作占据了他们过多的时间与精力，而他们投入在成为战略伙伴、开展内部客户咨询的时间和精力远远不够，创造的业务方面价值远低于企业管理者的预期。

根据调研报告分析（如图 7-1 所示），大部分企业人力资源管理的现状是：HR 从业者将大部分精力放在了人事服务等基础性工作上，该部分时间约占 HR 从业者全部工作时间的 65%；对业务影响力最大的部分即具有战略性的人力资源规划活动仅占约 10%；发挥人力资源最大价值的部分即客户服务、内部咨询只占约 25%。

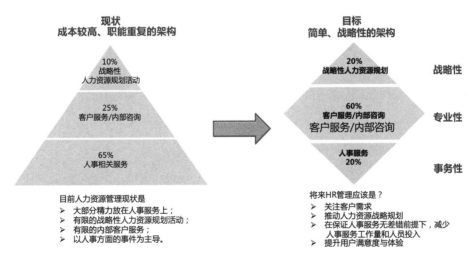

图 7-1　人力资源管理工作内容占比的调研报告示意图

人力资源战略伙伴角色的作用如此重要，HR 从业者却没有更多的时间投入该项工作中，这是战略伙伴角色有效性低的主要原因。要解决这一问题，企业就需要进行人力资源转型。

人力资源转型的目标是将人力资源管理中成本较高、职能重复、事务性繁多的架构，转向事务性、专业性、战略性强的组织架构。也就是说，在保证人事服务准确、有效的前提下，通过职责梳理、重构与技术手段将人事服务工作量和人员投入减少到 20%，将战略性人力资源规划的投入提升到 20%，将客户服务与内部咨询的投入加强到 60%，以提升 HRBP 的专业度与价值。

企业对人力资源部的重视度与其发展速度成正相关。处于快速发展阶段的企业中有超过 60% 的管理者认为人力资源部是资源管理中心和人力资本中心，具备不可或缺的战略职能，HRBP 可以发挥很大的价值。人力资源三支柱的出现将会加速人力资源转型，凸显人力资源的价值。

二、三支柱

1. 传统三支柱

人力资源三支柱模型的概念是由戴维·尤里奇在 1997 年提出的，即人力资源专家中心、人力资源业务伙伴和人力资源共享服务中心。三支柱的具体工作及其相互关系如图 7-2 所示。

人力资源专家中心（HR Centre of Excellence 或 Center of Expertise，HRC-OE），是指精通某一领域的人力资源专家，主要为业务部门提供人力资源方面的专业咨询与解决方案。在企业内部，HRCOE 通常包含薪酬福利（C&B）、组织发展（OD）、人才发展（TD）、学习发展（LD）、组织文化（OC）、招聘（政策与机制部分）、系统（HRIS）等职能。

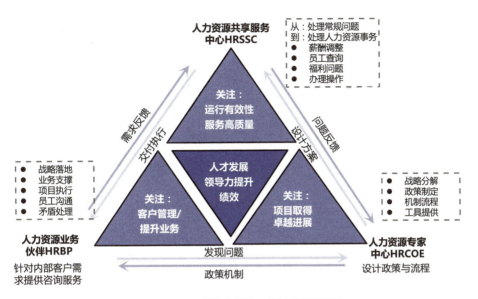

图 7-2　HR 三支柱的具体工作及其相互关系

HRCOE 如同企业开展人力资源管理的方向盘、红绿灯、加油站。

■ 方向盘。HRCOE 作为人力资源领域的专家与设计者，主要负责运用专业知识提升 HR 从业者的专业能力，制定人力资源管理的政策、机制、流程，并持续改进其有效性。

■ 红绿灯。HRCOE 作为管控者，主要负责控制人力资源政策、机制、流程的合规性，控制企业的用工风险。

■ 加油站。HRCOE 作为技术专家，设计业务解决方案、模板与工具，对HRBP、HRSSC、业务管理者提供人力资源领域的技术支持，指导他们开展人力资源管理的相关活动。

人力资源业务伙伴（HR Business Partner，HRBP）是人力资源部与各业务部门主管、经理沟通的桥梁。HRBP 既要熟悉人力资源部的各项职能，又要了解业务部门的需求；既能帮助业务部门更好地维护员工关系，也要处理业务部门经常出现的较为简单的与人力资源管理有关的问题，还要协助业务部门主管、经理更好地使用各种人力资源管理制度和工具。

HRBP 是 HR 部门里最贴近业务部门的岗位。企业会根据 HRBP 与正式员工的服务配比配置 HRBP 的数量。在不同的组织中，人力资源部对业务部门的支持程度和业务的复杂度不同，HRBP 的服务配比也存在差异。在人力资源管理活动中，HRBP 主要扮演如下几个角色：

- 战略伙伴：在组织和人才战略、核心价值观传承方面推动战略执行；
- 解决方案集成者：集成 HRCOE 的设计，成为业务导向的解决方；
- HR 管理流程执行者：推行 HR 管理流程，支持人员管理决策；
- 变革推动者：扮演变革催化剂的角色；
- 关系管理者：有效管理员工关系。

人力资源共享服务中心（HR Shared Service Center，HRSSC）负责统一处理企业中各业务部门与人力资源管理有关的所有基础性、事务性工作，如薪酬福利核算与发放、社会保险管理、人事档案管理、人事信息服务管理、劳动合同管理、员工招聘、新员工培训、员工投诉与建议处理、咨询服务等。

HRSSC 是人力资源标准服务的提供者，负责确保服务交付的一致性，为企业和员工提供标准化、流程化的服务，使 HR 主管和 HR 专员从繁杂的事务性工作中释放出来，提升人力资源部的整体服务效率。HRSSC 通常扮演如下几个角色：

- 员工自助中心：支持员工和管理者发起的服务需求；
- HR 流程事务处理中心：支持由 HRCOE 发起的主流程的行政事务部分（如发薪、招聘、培训事务）；

● HRSSC 运营管理中心：提供质量、内控、数据、技术（包括自助服务）和供应商管理支持。

2. 三支柱案例分享：腾讯 HRSDC 升级之路

（1）撬动腾讯 SSC 向 SDC 升级的核心要素

经过五年多的探索，腾讯公司的人力资源共享服务中心已经变成人力资源共享交互中心（Shared Delivery Center，SDC）。这样的转变符合时代的变化及行业背景的更迭，最主要的是腾讯公司人力资源共享服务中心发现业务部门对他们和人力资源部的需求已经开始发生变化。

首先，业务需求已经从早期稳定性的需求变成多变性的需求，业务部门对人力资源管理强调的多是弹性化。

其次，员工的个性化与自我管理的新需求，需要人力资源共享服务中心研究人性、管理人心。回归人性，并朝着管理人心的方向转化，这才是人力资源管理的根本。

再次，信息和智能时代的变化。员工对工具的使用开始出现从 PC 桌面端到多端的变化。

最后，人力资源部的前端战略能够与公司的战略相匹配，同时，人力资源部能够支持多端的生命发展周期和业务发展周期。

例如，腾讯公司有广泛的业务线。北京公司的员工多是从事网络媒体及视频工作的，深圳公司的员工从事的工作与游戏相关。在多种业务状态和业务模式下，人力资源部如何才能适应业务部门的需求，快速地、一站式地提供解决方案就是腾讯 SDC 模式诞生的主要原因，公司希望 SDC 能够站在连接 HRCOE 及整个运营中心的角度做好支撑工作。

（2）腾讯 SDC 与传统 SSC 的区别

如果 HRSSC 是 1.0，那么腾讯的 SDC 就是 2.0。SDC 从被动等待、承接事物的状态，发展到能主动发起交付式需求、主动递交服务，以交付标准和交付诉求去实现需求。因此，SDC 更多的是连接好 HRCOE 和 HRBP 的需求，如图 7-3 所示。

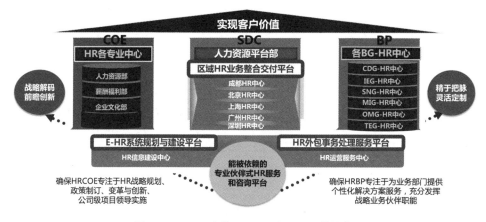

图 7-3　SDC 要连接 HRCOE 和 HRBP 的需求

在一些企业中，很多 HRCOE 很难往上浮，HRBP 很难往下沉，HRSSC 的工作被混淆在一起。如果不能把这部分工作做到集约化、模块化，HRCOE 将很难发挥"公司大脑"的作用，无法判断公司在今后的战略发展上，人力资源管理者应该做出什么样的战略布局。同样，如果不能很好地集约到后台，各个业务线上的 HRBP 也很难快速、积极地影响不同的业务群体，因为 HRBP 没有足够的力量看到业务部门更深层的地方。所以，SDC 要能够在这几个方面建立人力资源解决方案的中心。这是腾讯公司目前正在做的事情。

（3）SDC 未来的发展方向与挑战

腾讯公司的 SDC 将成为能够为员工提供稳定、可靠、被依赖的人力资源服务的 HR 一体化交付平台。为了实现这一愿景，腾讯公司也面临着很多挑战。例如，真正能够从事 SDC 的人在哪里，如何量化 SDC 对公司的组织效能，怎样做才能事半功倍。

三、重塑三支柱

随着人工智能技术和大数据分析不断应用到人力资源管理的各个领域里，这种影响将会重塑人力资源三支柱，从而加速"组织、人才、文化"的迭代与进化。那么，重塑之后的三支柱都有哪些不同呢？其具体变化的内容及其相互关系如图 7-4 所示。

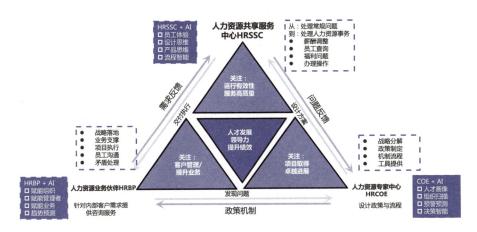

图 7-4　重塑后的 HR 三支柱 +AI

1.HRSSC + AI

经过 AI 赋能的 HRSSC，在如下方面具有明显的竞争优势。

☐ 员工体验

重塑后的 HR 三支柱在员工体验层面有了很大的提升。

员工体验是指员工在企业内部遇到的、感受到的、听到的好或坏的事情的集合，包含员工入职前后、在职期间、离职前后这样一个完整的生命周期。在入职、在职、离职的各个阶段，员工也会经历憧憬期、蜜月期、迷茫期、崛起期、成熟期、衰减期、躁动期、念想期等，如图 7-5 所示。

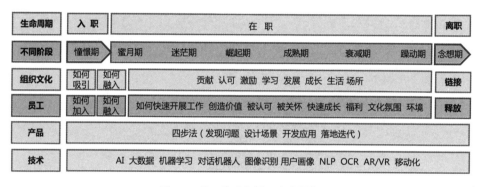

图 7-5 员工体验与员工生命周期

例如，在入职前，候选人处于憧憬期，这时人力资源从业者要从"如何吸引"候选人快速"加入"出发，通过输出雇主品牌形象，让信息高效地传达至候选人，或借助智能客服机器人与候选人进行沟通，提前向候选人推送公司宣传材料，加深其对公司的了解。在入职中，人力资源从业者可以通过数字签、光学字符识别（Optical Character Recognition，OCR）、机器人流程自动化（Robotic Process Automation，RPA）等技术实现极速入职，改善员工的入职体验。入职后，通过无感考勤，员工可以轻松解决上下班时打不上卡的尴尬。离职时，公司会向员工赠送明信片，让员工在离职后对公司心怀念想。

什么是无感考勤呢？过去，考勤大多采用刷卡考勤、指纹考勤、刷脸考勤、移动考勤等方式，而在数智化时代，人力资源部可部署三现（现场、现物、现实）数据采集设备，如高清摄像头、巡检机器人、近场通信（Near Field Communication，NFC）设备等，员工只要进入办公区域即可自动识别，无需"打卡"的动作。当然，公司要与员工签署知情许可与使用保密协议书。

◘ 设计思维

人力资源领域的产品设计需要贯穿员工入职、在职、离职的全生命周期，以关爱员工的需求为出发点思考与解决问题，改善流程，激发员工的热情与自驱力。例如，百度将徽章与卡通度熊设计在一起，员工每到司龄周年都会收到带有数字的小度熊，数字代表员工工作的年限，工作满 5 年或 10 年还有长期服务奖；同时，在员工生日当天，公司也会发放有特别意义的小度熊，这些五颜六色的小度熊在工位上排成一排，极大地增强了员工的自豪感、归属感，以及与公司一起成长的成就感。

人力资源部的工作是由一个个细节堆积出来的，HR 从业者要善于运用设计思维改善员工体验，营造小温馨实现大体验。

◘ 产品思维

产品思维是一种解决问题的综合思维，是把问题解决方案产品化的过程。

人力资源管理的产品思维就是 HR 从业者在设计及实施选、用、育、留等解决方案时，深入挖掘用户需求，关注用户体验及场景化设计，快速迭代，持续不断地运营及优化，满足合规的要求。

人力资源产品思维的特点如下：

● 用户思维：把员工当成用户，让员工有参与感；

- 痛点思维：找到用户真正的需求，尤其是在开展培训工作时帮他们建立需求；
- 移动思维：将 HR 从业者的工作和移动工具相结合；
- 场景思维：敏锐洞察用户的核心需求，将管理实践场景化，创造体验式的产品；
- 迭代思维：产品实现模块化、组件化、微服务化，做到小步快跑、敏捷开发；
- 数据思维：用数据说话、用数据赋能；
- 生态思维：搭建一个"小闭环"生态体系，帮助员工实现自我调节；
- 运营思维：传播品牌，提供持续服务。

百度每年会录制大量的视频及音频课程，往常的做法是编辑后直接上传到平台，供员工学习。但是，部分用户习惯于看文字学习，如果用人工编辑字幕或音频转文字，就会耗费用户大量的时间。百度经过大量访谈、调研与数据分析，以及多轮迭代设计，开发出了一款 AI 产品——百度灵听。它可以实现视频自动加字幕及音频转文字等功能，如果部分转化不够准确，员工还可以按时间轴作简单调整。

随着国际化进程的加快，阿里巴巴公司海外员工的比重越来越高，阿里巴巴公司进行了海外版 HRSSC 的迭代优化。为了保证灵活配置，阿里 EHR 团队对 HRSSC 领域的工作和事务管理进行了建模，重新定义流程及办理节点，设置了流转规则，以确保数据安全。阿里的 HRSSC 打通了 IT、核心人事、商保、Payroll 等多个系统，根据海外员工所在地福利、层级、部门、国家等因素，为每个员工适配个性化申请单列表，海外员工可实时追踪办理进度，体验一站式 HR 服务体系。

腾讯公司的人力资源部在 2012 年做过一个分析：进入公司满三年的新员

工的流失率是普通员工的三倍。经过深入挖掘，HR 从业者发现员工离职的核心原因是住房困难。于是，腾讯推出了"安居计划"，即公司拿出一笔基金，免息提供给符合条件的员工。从此，员工流失率大幅下降。

◻ 流程智能

在信息化时代，企业在不同的发展阶段构建了很多信息系统，HR 从业者通过固化业务流程帮助企业实现了业务的快速发展与复制。如今随着数字化时代的到来，业务规模不断扩张、组织不断发生裂变，企业对人力资源管理系统的要求越来越高，不仅要实现"入离升降调、选用预留管"的全面数字化，还要实现员工体验的全方位提升。因此，流程再造与流程运营管理的问题也日渐突显。

流程的智能化是指人力资源管理的数据记录、处理和分析的过程，便于人力资源管理团队更高效、便捷地使用人力资源数据。流程智能化的主要技术包含 OCR 图像识别、语音识别、文本解析、计算机视觉等。其中，OCR 技术可以协助 HR 从业者进行智能报销，语音识别技术可以协助记录会议，文本解析可以实现自动化简历解析，计算机视觉可以协助 HR 从业者开展刷脸考勤等身份验证功能。这些都可以提高人力管理的效率和员工工作的效率，将人力资源团队从繁杂的行政性事务中解脱出来，让 HR 从业者把时间和精力用在更重要、更有创造力的事情上。

下面以 HRSSC 自助服务为例说明企业如何实现流程智能化，如图 7-6 所示。

HRSSC 要实现一站式、高效的服务体验，需要大力推进自助服务的在线化、自动化、智能化。这个目标可以通过"三步走"来实现。第一步，创建知识库：将人力资源各个模块的机制规范、知识要点、遇到的问题等进行梳理归档，做到结构化、标签化，可供员工随时检索、查看；同时定期更新、丰富

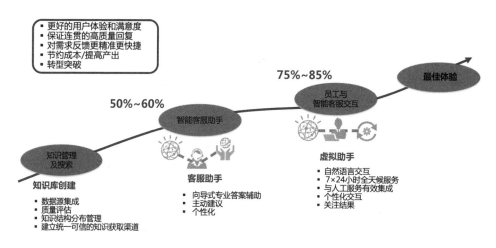

图 7-6　HRSSC 服务自助效率模型

知识库。第二步，开发智能客服助手，实现向导式问答、辅助问答、主动建议、个性化推荐等功能。第三步，打造"虚拟助手"，"虚拟助手"就像真人一样可以与员工对话交互，实现 7×24 小时全天候服务，这一步就应用到了自然语言处理、深度学习、大数据分析、机器人流程自动化（RPA）技术等。百度 HRSSC 的服务机器人自助效率可达 70% 以上，不仅实现了客服流程的自动化、智能化，保障了回复的连贯性和高质量，而且极大地提升了员工体验和用户满意度。

2.HRCOE + AI

经过 AI 赋能的 HRCOE，在如下方面具有明显的竞争优势。

☐ 人才画像

调研发现，人力资源管理的核心痛点是在人才发展方向上。例如，人才画像约占 55%、招聘模块约占 62%、人才培养与发展模块约占 59%、人力资源规划模块约占 57%、人效评估模块约占 57%。同时，组织创新约占 43%、组织战略约占 42%、敬业度洞察约占 41%，已成为突出痛点。企业领导力约占 33%、组织稳定性约占 32%、组织文化约占 30%，紧随其后也逐步成为企业转型与发展的"拦路虎"。人力资源管理的核心痛点柱状图如图 7-7 所示。

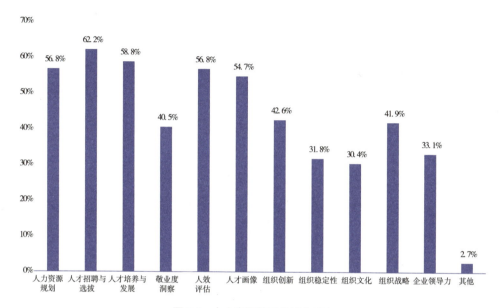

图 7-7　人力资源管理的核心痛点

平安 HR-X 结合企业人才数据，利用人工智能及大数据等技术创新性地设计了岗位画像、员工（干部）画像，通过智能化标签设置，沉淀全时、全貌、全量数据，辅助制定选人用人决策。HR-X 团队利用大数据、智慧模型，以最全面、科学的方法为员工建立了一套全景档案，如绩效画像、技能画像、意愿和性格画像、薪酬画像、业绩和团队画像等，并通过智能模型匹配人员与岗位需求，结合 AI 面试测评，打通了招聘、绩效、培训、薪酬等多个人力资源管理场景，让团队管理更加精准、全面、高效。

在干部画像中，丰富的标签与智能模型将会运用在识人、评人、用人、队伍建设等多个场景中：

- 集成人员信息——一步到位集成绩效、工作经历、测评等信息，发挥聚合效应；

- 全员动态对比——对比团队绩效、工作表现，使动态趋势一目了然；

- 精准岗位需求——应用于内部推荐、AI 面试、绩效建议、培训管理等各种场景；

- 精准人岗匹配——精准开展人员与岗位匹配，让晋升、调薪不再困难；

- 关系圈分析——展现校友、前同事等多维关系，加强了对人员的风险管控；

- 标签搜索——让人才调配更加方便，轻松集合专业人才和行业精英；

- 智能培训——能够根据用户的长短板进行智能推课，有针对性地提升员工能力；

- 绩差预警——及早发现业绩短板，及早采取措施，提升员工绩效，确保团队战斗力；

- 离职预警——及时捕捉员工异常行为，提示离职特征。

深度运用人才画像可以实现"以人荐岗""以模型找人""以人找人""从组织需求出发找人"，这些更灵活的画像应用玩法可以帮助组织寻找与团队有极高匹配度的人才。

◻ 组织扫描

企业管理者需要人力资源部通过系统提醒或看板展示及时告知，组织架构的变化有哪些，人才地图分布在哪里，如何排兵布阵，我们需要的关键人才在哪里，哪些员工最有潜力，哪些人才是组织中的"承重墙"，哪些是将才，哪些是帅才，等等。只有解决了如下"四度"，才能真正实现以人才驱动组织战略的发展。

- 加速新技术应用带来的业务进步（速度）
- 扩展数据分析的点、线、面、体场景（广度）
- 发现传统数据分析洞察不了的事情（深度）
- 促进组织效能得到充分发挥，带动企业绩效不断提升（高度）

在当前阶段，企业逐步由数字化阶段向数智化阶段过渡，在转型的过程中，战略执行与组织建设仍是关键因素。企业要想在行业竞争中取得优势，通过 AI 洞察组织、发现人才、驱动组织绩效增长才是关键。有调研发现，我国有约 70% 的企业已经开始了数智化进程，并逐渐形成趋势，具体情况是：约 36.49% 的企业已处在开始探索应用阶段；约 24.32% 的企业开始进入部分模块推广应用阶段；约 8.11% 的企业开始进入全模块系统全面落地阶段，如图 7-8 所示。

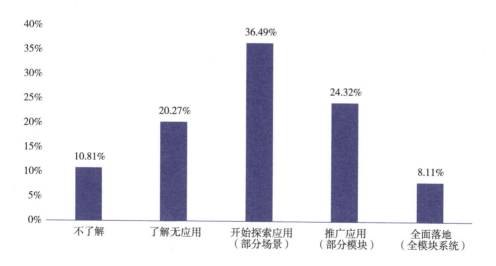

图 7-8　我国企业数智化应用现状

企业利用 AI 与大数据技术对组织进行全方位扫描，使组织与战略相匹配，搭建科学的组织架构，关注真实的绩效改善情况，通过数据的收集、整理、建模、分析、应用使数据真正发挥价值，赋能企业数智化建设。组织扫描可以从组织管理和绩效激励机制两个层面进行。

组织管理包含组织结构设计、岗位体系设计、流程管控。组织管理的核心目标是组织效能提升。组织希望变得更加敏捷高效，能够输出更多的价值，获得更高的利润，并实现可持续发展。组织效能可以分为管理效能、员工效能与组织活力。对人力资源而言，管理效能主要是看组织流程优化，企业管理者可以通过组织计算机断层扫描（Computed Tomography，CT）判断管理幅度、审批节点等是否合理，过高或过低都会影响组织健康度。例如，京东的"8150"原则，"1"是指每个管理者，"8"是指京东要求每个管理者直接汇报的下属不得低于 8 个人，如果不到 8 个人，就要减少中间层级的管理者；只有向一个管理者直接汇报的下属超过 15 人时，京东才允许在同一个管理层级增加一个管理者；"50"则是指每个管理者管理的同一工种的基层员工不能低于 50 个人，只有超过 50 个人时，才可以考虑设立第二个团队管理者。"8150"原则的核心是保证组织扁平化，确保组织效能。再如，百度核心人事流程审批的"2+2"原则，也就是两级业务部门主管审批业务合理性，两级 HRBP 负责政策把关，这样做既确保了高效，又避免了风险。通过 AI 搭建模型而建立的组织扫描工具，可以随时发现系统中不符合"8150""2+2"原则的情况，然后预警信息系统会通知到管理者与 HRBP。管理者与 HRBP 可以选择两个按钮：一个按钮是"接受"，系统会自动按照规则校正处理；另一个按钮是"人工干预"，系统会提示给出原则上最长一个月的人工处理时间，必须在日期内完成，否则系统将会自动做出处理。随着业务的不断发展，管理场景的不断变化，组织扫描的模型也会不断迭代优化，以确保组织效能持续增长。

绩效激励机制包含绩效管理、薪酬福利、中长期激励等，AI 重塑了这些流程，员工的工作表现与行为数据被合规地整合到数据库中。HR 从业者对这些表现与数据进行分析处理，通过建立评级模型将员工工作表现的评估结果通过在线的方式反馈给每位员工。对某些不足之处，组织扫描工具还会给出有针对性的建议。组织扫描工具也可以给出员工绩效结果应用的建议，针对每个员工的历史数据甄别各自不同的保健因素类型和激励因素类型，从而匹配几十种方案，真正实现了绩效激励配比的"千人千面"，充分激发了员工的工作热情。甚至，组织扫描工具还可以用于预测员工绩效，给管理者排兵布阵提供决策依据。

　　◻ 预警预测

　　人力资源管理系统要能够反映企业的人力资源业务需求，并驱动业务向前发展，预警预测的智能化产品也是一样。下面以百度的人力资源管理系统为例进行说明。

　　百度的人才观是"招最好的人，给最大的空间，看最后的结果，让优秀人才脱颖而出"，如图 7-9 所示。

图 7-9　百度人才观

招最好的人。最好的人具备以下三个特点。第一，跟百度崇尚的"简单可依赖"文化相匹配。当这个人跟公司的文化非常匹配时，公司的内部沟通成本、磨合成本就会大幅降低。第二，优秀的学习能力，这对互联网企业来说非常重要。企业每天面临的市场环境、竞争对手格局都会发生天翻地覆的变化，企业使用一个人，用的不仅是他经验上的优势，更是他对未来新环境的快速认知、理解和应对的能力。第三，胜任本职工作和岗位要求，这是最基本的要求。公司需要营造一个永远不断上进和自驱的组织，自驱的人不仅愿意学习，而且能够快速学习、不断提升自己。

给最大的空间。这里所说的空间不仅是舒适的办公环境，更重要的是给员工一种使命感、理想和技术平衡。百度最大的空间是前沿的核心技术。

看最后的结果。百度是一家以结果为导向的公司，不论员工的资历、年限如何，一律以结果说话。百度强调的就是差异化的文化。

让优秀人才脱颖而出。2012 年百度陆续出台了多项人才激励政策和机制，再次焕发了百度人才的自驱力和差异化，通过"up or out"两张内部名单（潜力股及淘汰名单）、初级岗位三年升二级、文化 360 度考核、设置专门的绩优奖等差异化的管理方式，让人才脱颖而出。

相应地，在设计业务架构、产品架构时，企业管理者要充分考虑人力资源的业务需求与管理要求，梳理流程、厘清权责、建好基座、联通系统、拉通数据、提升体验，结合最新前沿技术（如人工智能、区块链、云计算、大数据、物联网、移动化、3D 打印）打造数智化产品，为决策者、管理者、员工与人力资源专业用户提供赋能工具，支持业务数字化转型。例如，企业在招聘策略上选择"招最好 / 最合适的人"，在做产品设计时，需要考虑的要素是招聘的全周期管理、统一的人才库、人岗智能互相推荐、面试 / 笔试机器人、智能入职 / 客服、智能分析看板等；在考虑"运营管理"方面要求全程数字化，产品设计要点是无人值守一站式服务、灵活排班、无感考勤、入离升降调全程数字化、组织 CT、人才 CT、人才全景档案等；在"人才学习与发展"方面，注重员工在工作中的学习与成长，设计要点是数字化的自助培训、融入工作的学习成长地图、AR、VR、混合现实（Mixed Reality，MR）、游戏化、个性化推荐、千人千面、知识图谱、全景看板等；在"人才保留"方面，注重让优秀人才脱颖而出，设计要点是人才异动情况预警、组织活力分析、人才健康度预警、薪酬激励一站式工作台、舆情分析与预警等，如图 7-10 所示。

招最好/最合适的人
- 招聘的全周期管理
- 统一的人才库
- 人岗智能互相推荐
- 面试/笔试机器人
- 智能入职/客服
- 智能分析看板

让优秀人才脱颖而出
- 人才异动情况预警
- 组织活力分析
- 人才健康度预警
- 薪酬激励一站式工作台
- 舆情分析与预警

运营全程数字化
- 无人值守一站式服务
- 灵活排班、无感考勤
- 入离升降调全程数字化
- 组织CT、人才CT
- 人才全景档案

在工作中学习与成长
- 数字化的自助培训
- 融入工作的学习成长地图
- AR、VR、游戏化方式
- 个性化推荐、千人千面
- 知识图谱、全景看板

图 7-10　人力资源数智化场景

◻ 决策智能化

人力资源管理的决策智能化则是协助人力资源管理团队做出更好的决策，从数据的角度发现和分析问题，并提供定量的参考。主要技术包含自然语言处理、知识图谱、组织网络分析等。其中，自然语言处理可以实现智能人岗匹配，知识图谱相关技术可以结合深度学习算法对员工的离职和绩效进行预测，组织网络分析则可以定量地进行领导力评估。这些智能化决策在人力资源数智化出现之前是难以实现的。现在基于这些技术，人力资源数智化可以提高决策的效率和准确性，并提供定量的分析支持。

当然，利用大数据技术与思维方式对人力资源管理的小数据进行预警预测分析时，并不是在相关关系的基础上直接做出决策，而是综合所有数据、因素（不仅是人力资源领域的数据或因素，还包括财务、经营、办公 OA、IT、外部环境等数据或因素）进行建模、相关性分析之后得出指数分布，根据指数区间得出相应的可能性判断，供管理者与 HRBP 决策时参考。

有调查研究发现，全国有约 75% 的企业已开展人力资源管理数智化运营活动，其中对人力资源管理流程进行数智化转型的执行程度最高，占比约为 60.81%。人力资源管理流程的数智化使得企业免去了自下而上、层层审批的烦琐管理动作，简化了办公流程，使员工拥有更加智能的办公环境，提高了员工的工作满意度，有助于员工将更多的时间与精力花在为企业创造更多的价值上，如图 7-11 所示。

人力资源管理决策数智化的执行也达到了约 20%，具备后发优势。基于数据驱动的智能结果实现管理决策数智化是企业进行人力资源数智化发展的必经之路，企业可以利用人工智能构建无组织边界的平台，打通平台上各方的数据资源，通过资源汇聚与持续创新，不断为企业提供深度科学的管理洞察，持续优化管理决策，进而提高企业的核心竞争力。目前，管理决策的数智化已经实现了人根据机器结果进行判断并做出管理动作。在这个复杂的过程中，企业必然会面临许多问题与挑战。例如，人机协作与人机共生的问题，人对机器以及机器产生的结果的信任问题，数据驱动结果的可解释性问题，等等。在解决以上问题的过程中，企业也可以实现更加人性化的人力资源管理数智化，创建更健康的企业环境。

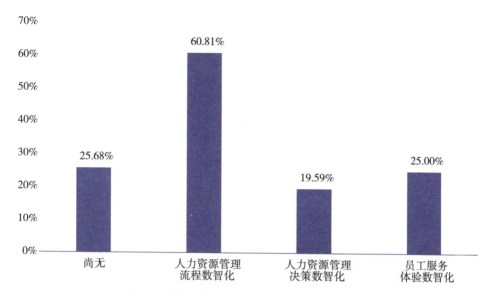

图 7-11　企业在人力资源数智化运营中已开展的工作

3.HRBP + AI

经过 AI 赋能的 HRBP，在如下方面具有明显的竞争优势。

◼ 一图在手

HRBP 利用人工智能、大数据技术武装的可视化工具——仪表盘与看板，实现了一图在手、人才全景尽在掌握及人力资源数字化运营，可以做到随时随地"看组织、看人才、看异动、看人效、看成本"。

网龙网络公司是将 AI 应用在人力资源领域较早的公司之一。为了提升管理效能，网龙网络引入了"AI 高管"机制来赋能 HRBP。"AI 高管"与 HRBP 在实际工作中的分工如下："AI 高管"主要负责基于公司层面的管理规则，自动审批符合规则的流程，处罚不符合规则的行为；HRBP 则专注在管理中需要体现"人性和人文"的部分，同时利用机制对不合理的规则、现象、行为进行纠偏以形成良性循环。那么，"AI 高管"如何为 HRBP 赋能呢？

首先，让 HRBP 从程序化、重复性的工作中解放出来，把精力用于更重要的工作，如文化建设、体验感提升、赋能组织等。"AI 高管"可以实现自动审批。以请假为例，一般员工请假需要上级审批，现在只需提交给"AI 高管"，只要请假理由符合规定就可以自动审批，"AI 高管"会发给员工的上级领导告知员工的请假情况。对于有清晰门槛要求的晋升提报，"AI 高管"可以先进行一轮审批；对于有明确基本规则的人事岗位异动，"AI 高管"也可以预先做出判断。"AI 高管"还可以以企业管理者的身份对员工进行工作任务下达及督办、惩罚、警告、表扬等。"AI 高管"可以看到公司各类单据的完成情况，并把一些数据推送给管理者以提示其组织、业务存在的问题。

其次，"AI 高管"记录的数据和行为为 HRBP 提供了个性化管理的依据。以晋升考核为例，公司每年有两个晋升季，以前是 HRBP 与业务上级进行沟通，梳理部门人员的情况，推荐晋升人员；现在则是"AI 高管"基于部门现有人员在现有绩效数据、历史绩效数据、任职时间以及目前薪酬与当前薪酬框架的差距，向管理者推荐是否提报晋升。"AI 高管"也会直接生成若干报表，基于推荐的分数总结一个推荐模型，当 HRBP 拿到这些数据时，就可以直接和业务部门沟通了。"AI 高管"还可以帮助 HRBP 进行人才盘点，基于绝对数据如绩效水平、管理行为测评数据、360 反馈数据以及各种学习类数据等做出相对明确的盘点。以往，公司需要通过人工收集不同维度的评价报告，现在通过机器即可进行多维度的数据抓取，系统自动生成相应模板的意见和报告。

☐ 赋能组织

百度推出 AI 大脑要"开放赋能"，阿里巴巴强调要"赋能商家、中小企业"，腾讯的观点是"连接一切，赋能于人"，京东要"零售赋能"，小米要智造"赋能万物"，华为要"数字化赋能"……这些大企业都在不厌其烦地强调赋能的力量，那么赋能的定义是什么呢？"赋能"最初源于管理学中"empower"，是和授权联系在一起使用的，现多被人们理解为"赋予能量或赋予能力"。延伸到企业内部就是企业由上而下地释放权力，尤其是员工自主工作的权力，通过去中心化的方式驱动企业组织扁平化，最大限度地发挥个人才智和潜能。未来的组织必须有超越传统的运作方式，对外能够对复杂多变的外部环境做出更快速的反应，对内能够不断激发精英员工的内在动力并在工作中持续为他们赋能。

企业的决策层（CXO）就代表了公司，赋能组织就是为决策层提供洞见。政委或 HRBP 们也需要有合适的工具为组织保驾护航。百度人才智库就说明了HRBP 如何利用人工智能与大数据技术赋能组织、赋能高管层。

百度人才智库是一套智能化的人才管理系统，基于海量数据，通过精准的机器学习和算法提供完整的智能化人才管理解决方案，主要作用于人才、组织和文化三大方面，包含"智·风控""智·留辞""智·文化""智·选才""智·组织"和"智·人物"六个功能模块，如图 7-12 所示。

在人才方面，百度人才智库能够极大地提升招聘工作效率，科学识别优秀管理者与人才潜力，预判员工离职倾向和离职后影响，并为有针对性的人才获取、培养与保留提供智能支持。在组织方面，百度人才智库能通过分析部门活力和人才结构，科学评估组织稳定性，揭示组织间人才流动规律，为组织优化调整、高效人才激励与促进人才流动提供智能化支持。在文化方面，百度人才智库能及时呈现组织内外部的舆情热点，智能分析外部人才市场状况，为管理者提升公司口碑，提振员工士气，为公司预先进行人才储备提供智能支持。百度人才智库真正实现了数据驱动，辅助高管层决策判断，让百度在人才流动迅速且争夺激烈的高科技行业中保持了强劲的行业竞争力。

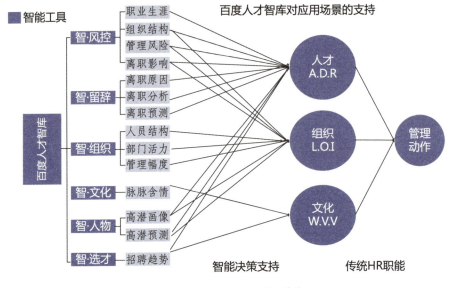

图 7-12　百度人才智库产品功能

◻ 赋能管理者

在数字化时代，员工越来越不容易"被管理"，他们更趋向于个性化和自我发展，团队管理者也面临着极大的挑战。在实际工作中，借助于智能化工作台的管理效率将会提升 30% ~ 50%。以中国民生银行的新一代人力资源数字化平台"人力盒子"为例，民生银行运用这一"魔盒"的团队视图、人力资本分析、人力运营、服务窗口等功能，完成了为经营管理层、团队管理者、HR条线管理者以及普通员工的全面赋能，实现了组织价值、人才价值、人才供应链和人力基础管理的提升，如图 7-13 所示。

随着数字化技术的不断突破，银行业进入了竞争时代，各家银行的人力资源管理工作需要快速应对人才颠覆、业务颠覆、体验颠覆等诸多挑战。在这样的形势下，民生银行人力资源部以客户为中心，利用数字化技术手段参与总部变革转型的前瞻性布局，帮助高管层洞察环境、洞察对手、洞察自己、洞察人

图 7-13　"人力盒子"产品功能

才、洞察未来。

民生银行人力资源部应用人力资本分析模型，以"用户中心、价值牵引、模型支撑"为原则构建人力资本分析平台，面向经营管理层、人力资源条线、各级管理者搭载管理驾驶舱，延展形成了"总行部门眼""分行部门眼""支行眼"等多维应用场景，提供"基本面""人力资本 DNA""部门画像""人才画像"等人力资本分析看板、自动化报表、团队及员工分析报告等，成为分析人力资本信息、探寻人力资本问题的量化管理线上入口，实现了"数据可视、管理可见、人才可搜"的智能化人力资本管理。民生银行人力资源部还探索"敏捷组织"的管理模式，实施跨部门、跨条线的无间隔项目制协同，搭建"三位一体"的员工工作记录体系，并配套管理制度、规则和政策，确保这些制度随着需求的变化而同步升级，进一步改进绩效文化，激发企业活力和推动文化变革，真正赋能管理者。

☐ 赋能业务

数智化是业务发展的加速器。数智化、数字化与智能化的集成也可以理解为"数字化 + 智能化"，是在数字化基础上的更高阶段。数智化阶段的底层逻辑如下：产生链接：人、财、物、事的互联，如人机互联、人人互联、机机互联、人事互联、事事互联、机事互联、人财互联、人物互联、财物互联、物事互联、财事互联、知识互联等；沉淀数据：通过上述人、财、物、事的互联互通，使原始数据自然留痕、客观有效，包含了一切结构化数据与非结构化数据，为后续数据清洗、加工、存储、数据分析打下了良好的基础；数据智能：机器学习与大数据技术让数据分析更加逼真、清晰与智能，模型、算法与算力是其中最关键的三要素。

我国互联网企业的数智化发展水平相对较高、范围比较全面、技术相对成熟，因此业务发展得也较快。但从整体上看，传统行业的数智化水平仍处于初级阶段，尽管过去多年来各家企业都在关注数字化转型，但转型紧迫感、举措执行力并不强，转型路径也不清晰，更缺少数字化的人才。

调研发现，在企业管理的十多个模块上，不同的企业在数智化应用上都进行了有效探索。例如，约有 21% 的企业在战略管理领域开始了数智化应用；约有 34.5% 的企业在人力资源领域开始了数智化应用；约有 27.7% 的企业在财务管理领域开始了数智化应用；行政管理、供应链管理、质量管理、产品研发等领域的数智化应用的具体占比如图 7-14 所示。

虽然各行各业中有约 20% 的企业分别在企业管理的不同模块上开始探索数智化应用，但整体规模尚处于初级阶段，未来还有较长的路要走。这与人工智能及大数据技术在企业的应用实践尚处于探索阶段或微应用阶段也有关系，与认知水平、人才短缺等其他因素都有关联。其中，涉及"人力资源"管理模块的调研发现，人力资源管理进入数智化阶段、处于信息化阶段、尚未进入信息化阶段的企业分别占比约三分之一，详细描述如下：

● 约 34.5% 的企业在人力资源管理在不同程度上进入数智化阶段，远高于

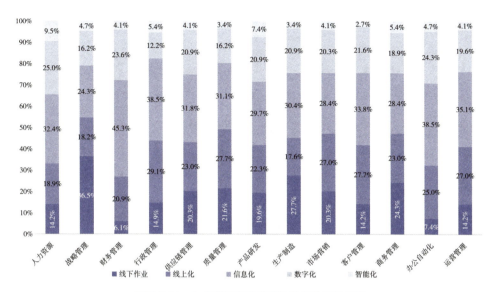

如图 7-14　人力资源各职能模块数智化所处阶段

其他管理模块；

● 约 33.1% 的企业在人力资源管理数智化程度上非常落后，分别处于线下作业或线上化阶段，多数为传统企业，深层原因有待进一步挖掘；

● 约 32.4% 的企业处于人力资源管理信息化阶段，他们是数字化转型的有生力量。

这些数据说明在人力资源管理数智化方向上，一是企业在认知层面尚需学习与提升，在实践层面还有更长的路要走；二是更多的人已开始认识到数字化转型的重要性与迫切性，并已开始行动；三是人力资源可以先进行数字化转型，做好组织保障、人才储备和文化氛围打造工作，赋能业务转型与快速发展。

四、二支柱

在人工智能和大数据时代，企业发展与组织形态千差万别，人力资源管理者就需要随着组织发展的变化而不断迭代。为了适应业务的变化与要求，有些企业已逐步将三支柱过渡到了二支柱，即前端仍然是 HRBP，响应与处理员工的各种诉求，后端 HRCOE 与 HRSSC 紧密协作，共同为 HRBP 提供解决方案。二支柱也称"板凳模型"，如图 7-15 所示。

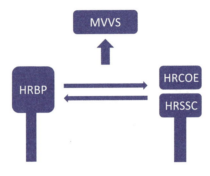

图 7-15　二支柱模型示意图

二支柱适合业务发展快速、创新型的组织，这就要求企业的人力资源数字化建设要达到一定的程度，一个平台、一个手机就能应对各种问题、处理所有事务。

五、四支柱

四支柱是指在三支柱的基础上多了一个支柱，即项目管理办公室或项目管理部（Project Management -4Office，PMO）或人力分析（People Analytics，PA）。四支柱模型示意图如图 7-16 所示。

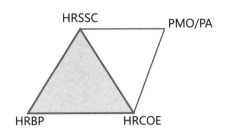

图 7-16　四支柱模型示意图

　　流程驱动的企业包含的项目多，如人才标准、人才选拔、人才盘点、组织扫描等，在推进项目的过程中会产生各种难题，这时就需要 PMO 负责协调整合、推进项目的有效执行与落地。PMO 是提高组织管理成熟度的核心部门。

　　数据驱动的企业会专设 PA 这一部门，它被视为"HR 的未来工作"。未来，人力分析不仅是人力资源工作的一部分，而且将成为整个企业开展组织分析的关键部分。企业设立 PA 部门的典型代表就是谷歌公司的"氧气项目"和百度公司的"人才智库"。

　　无论是三支柱，还是二支柱、四支柱，它们都是为了实现人力资源战略及业务转型与发展，尤其是二支柱，它是 AI、大数据技术驱动下的必然结果。

第二节　人工智能如何驱动共享服务中心

　　人工智能在人力资源共享服务中心（HRSSC）中的应用已经很普遍了，因为百度公司的实践比较早，所以下面以百度公司为例，讲一讲人工智能在

HRSSC 中的各类新技术与新实践。

一、业务背景

百度在 2010 年前后运行了 SDC、HRCOE、HRBP "三驾马车"，其中共享交付平台（Service Delivery Center，SDC）的发展经历了从 1.0 到 3.0 的阶段。百度将 3.0 阶段称为 "Smart HR" 阶段，该阶段旨在通过更具交互性的系统，利用大数据预测、控制和分析功能管理组织变革和人才发展，其重点关注的是效率和管控。百度从 2014 年起便在这一阶段 "发力"。到了 2017 年，百度已着手从 "Smart HR" 阶段转向 "Intelligent HR" 阶段，也就是迈向了 3.5 甚至 4.0 阶段。在这个转型期，为了追求更佳的员工体验、组织活力和文化赋能，百度摈弃了传统的流程，而是选择了数字化转型的流程，如图 7-17 所示。

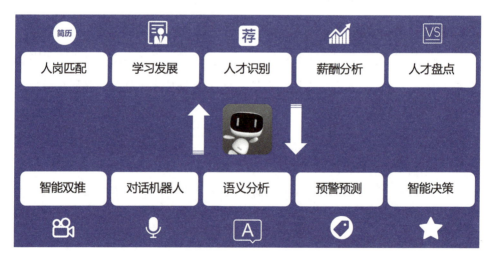

图 7-17　百度人力资源管理工作中应用人工智能的领域

二、新技术的应用

1. 招聘领域——智能简历职位匹配

业务驱动与技术导向改变了招聘的工作方式，百度的人力资源管理者非常注重人工智能在招聘领域的应用及其带来的效率提升。通过对人才简历库的自然语言处理（NLP）及机器学习进行算法与模型搭建，解决了简历与职位说明书智能化匹配的难题。如下两款工具将帮助人力资源部的招聘专员提升运营效率。

（1）众里寻他。这是百度为招聘团队打造的简历智能筛选系统。该系统通过识别招聘团队发出的职位说明书，精准匹配人才库中符合要求的简历。这里说的"精准匹配"并不是字面上的匹配，而是结合了潜在候选人的相关背景、工作经历、项目经历等方面进行综合考量，进行大数据算法分析与"匹配"。优化筛选简历的过程可以让招聘团队更加专注地考量候选人，将更多的精力放在面试环节中。

（2）沧海拾遗。这是百度为候选人打造的职位匹配系统，可以帮助他们提高应聘效率。该系统会在候选人搜索职位时，根据他们的简历，主动向其推荐适合的工作，减少候选人浏览职位说明书的时间，防止他们错过适合自己的职位。

2. 入职流程——各项技术相结合实现自动化

（1）OCR技术

OCR技术是指通过扫描等光学输入方式将各种证件、票据、报刊、书籍、文稿等印刷品的文字转化为图像信息，再利用文字识别技术将图像信息转化为可以输入计算机的信息的技术。近两年，这一技术被逐渐应用到了人力资源领域，企业可以将其与入职办理流程中新员工身份相关信息的验证相结合。在新员工入职前，企业可以要求新员工将学历证书、资格证书、身份证件、银行卡等复印件上传至系统中，利用 OCR 技术对信息进行识别，同时对接第三方征信平台如学信网，员工的学历信息验证工作即可快速完成。

（2）刷脸技术

百度的刷脸技术比较成熟，公司内部应用场景比较多的是门禁刷脸、会议签到、内部购物等。当然，刷脸技术还会应用到其他场景中，如自助打印证明，员工刷工卡或刷脸都可以完成。再如，在新员工办理入职手续的过程中，刷脸技术与访客系统既可用于新员工提前预约报到，也可以提升新员工的入职体验与办理效率。

（3）预约系统——端到端的自动化

预约报到的新员工会得到相应的后台预约码，百度在向其发送预约码的同时，还可以向其推送入职指南、公司新闻动态。员工到达公司后出示预约码便可以根据入职指南，直接到达办理相关手续的地点。另外，由于新员工入职工作往往是集中进行的，为了便于管理，新员工的预约码已经与办理入职手续的会场的座位号相匹配，同时座位上会放置"入职大礼包"，包括新员工的电脑、办公用品、需要签署的文件等，方便新员工查找。

这一系列的工作打通了候选人与反馈系统、入职系统的连接，实现了端到端的自动化，新员工对公司的好感度也得到了极大的提升。

3. 在线学习系统——AI 赋能

（1）百度学堂的新产品——灵听

培训专员的痛点之一就是要为一些重复性的简单工作付出大量的时间和精

力，如给视频课程加字幕。培训视频加字幕的目的是使学员在学习的过程中更准确、快速地理解课程内容。但是，加字幕这件事的背后却需要培训专员付出很多的时间和精力。培训专员首先要记录讲师讲述的文字，然后纠错复查，再按照视频制作要求分行，最后才能请视频制作者合成字幕与视频。整个过程需要数个工种配合，花费数个工作日的时间。为了解决这个问题，百度利用 AI 技术制作了灵听平台，培训专员将任意一段视频上传到灵听平台后，系统就能够根据语音自动识别出字幕，并直接添加到视频上，培训专员仅需对个别识别不准之处稍加修改，即可获得一段添加好字幕的视频。一个人仅花费几分钟即可完成以前由数人花费数天才能完成的工作。

（2）百度听清

演讲者说话的同时，百度利用语音识别与翻译技术就可以实时打出中英文字幕，这个名为"百度听清"的技术已经应用到了百度内部的直播平台上。

三、大数据的应用与思考

1. 大数据的"底线"。涉及个人隐私的内容，如邮件内容、私人交流内容等绝不可以用于个性分析。

2. 大数据的基础。首先，人力资源部各个模块的数据应该是"互通的"，而不是各自为战。整合人力资源数据是进行大数据分析的第一步。其次，要与其他部门如财务部、销售部的数据做好"联通"。

3. 数据安全问题的处理。数据安全是每家企业都必须面对和处理的问题，其关键在于分工。负责画体系界面、打通数据等工作的人员应当共同商讨做出界定，确定访问级别及其权限。

4. 新技术的本质依然是大数据。刷脸、语音识别等新技术仅仅是一种手段、工具或平台，在起步阶段，其背后依然是大数据在驱动。因此，这些技术的进步归根结底还是有赖于大数据的沉淀、整理和迭代。

第三节　人工智能如何赋能 HRCOE

本节我们同样通过对"百度人才智库（TIC）"案例的介绍，看一看人工智能是如何赋能 HRCOE 的。

百度以更加量化、客观的手段，从人才、组织和文化三个方面践行"让优秀人才脱颖而出"的人才管理理念。百度人才智库包含"智·管理""智·选才"和"智·人物"等六个功能模块，具体如图 7-18 所示。

- 人才方面。TIC 能够极大地提升招聘工作效率，高效识别优秀管理者与高潜人才，预判员工离职倾向和离职后的影响，并为人才获取、培养与保留提供智能支持。

- 组织方面。TIC 能通过分析部门活力、人才结构，科学评估组织的稳定性，揭示组织间人才流动的规律，为组织优化调整、高效激励人才与促进人才流动提供智能支持。

- 文化方面。TIC 能及时呈现组织内外部的舆情热点，分析外部人才市场状况，提升企业口碑，提振员工士气，为企业进行人才储备提供智能支持。

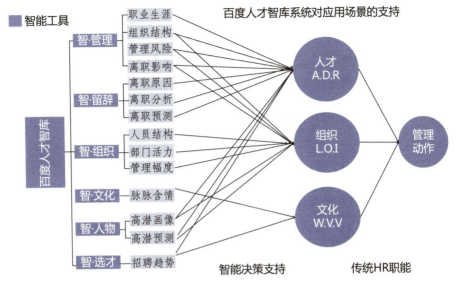

图 7-18　百度人才智库对应用场景的支持

一、组织人才管理风险指数

在面对新的形势和新的业务挑战时，企业怎样才能从大批管理者中提拔出能够胜任高风险岗位的管理者呢？TIC 提出了人才管理风险指数这一概念。通过该指数，企业可以及时识别管理者在各个时期面临的管理复杂性和困难程度，并比较不同管理者在职业生涯中面临的风险变化。例如，某些管理者只胜任特定的领域，一旦转换到其他领域，其职业发展曲线就会呈现大幅波动。有能力的管理者则可以在相对较短的时间内让动荡的曲线趋于平缓。人才管理风险指数为企业提拔、任命领导者提供了有说服力的客观依据。

二、人员、人才和人物

过去，企业注重的是"人员"，如早期的福特公司等制造业企业，强调人员的组织纪律性；现在，高科技企业注重的是"人才"，强调人才的一技之长和团队组织协作能力；未来，企业注重的将是"人物"，需要人物具备卓越的领导力及创新力。

如何挖掘和寻找"人物"是人力资源部面临的重大挑战。TIC 从公司员工的核心地位、业务桥梁、开放交流、组织框架和广泛合作五个维度打造量化模型，以业务往来邮件、在公司平台上编写程序等客观真实的数据和文本为依据，对员工进行打分。

这就给每位员工建立了成长的"电子档案"，通过计算员工的业务核心度指数，判断其成为"人物"的可能性，并且能够发现员工在这五个维度的优劣势，进而给予其适当的任命或有针对性的培训。需要指出的是，TIC 深知隐私保护对大数据分析的重要性，任何由 TIC 使用的数据都会受到严格审批、加密与管理，以确保不被用于其他用途。

三、人才动向预测

通过收集企业内外部的数据，包括来自社交媒体和互联网的舆论信息与文本，TIC 建立了包含经济、职业发展和个人家庭原因等数百个动态特征的 90 天离职预测模型，预测准确度达到了 90% 以上。例如，在 2015 年百度进行的一项离职预测中，TIC 分析出了离职指数最高的前 30 名员工，3 个月内其中 29 人向人力资源部提出了离职申请。TIC 还能计算出员工的离职影响力有多大，并分析出员工离职的各项原因。如果离职指数高的员工属于稀缺性人才，且离职原因在公司的可控范围内，百度就能够及时进行干预，采取适当的挽留手段。

第八章

建设智慧 HR 平台，助力业务转型

在 VUCA 时代，组织对人力资源管理工作提出了很高的要求，同时对人力资源系统平台也提出了明确的诉求，主要体现在如下几个方面。

- 打通系统与数据孤岛。打通"入离升降调、选用预留管"环节，实现流程的端到端连通、系统上下游贯通、数据高效流通。

- 建立与用好人才库。建立全球人才库，形成人才地图，实现人才的全生命周期管理。

- 统一人力资源系统平台。搭建统一的平台，划归统一的入口，设定不同的权限，为员工、管理者、HRBP 提供丰富、好用的工具，实现自助服务，提升工作效率与用户体验。

- 数据驱动。建成可供 HRBP、管理者使用的仪表盘、看板、人才大屏等，通过人才画像、组织扫描实现流程的智能化、决策的智能化和数据预警。

- 员工体验。实现入职、在职、离职三位一体的闭环管理，提供全场景服务，提升员工敬业度。

第一节 四化模型与人力资源数智化的迭代路径

在过去的几十年中，人力资源管理工作可以划分为四个阶段，如图 8-1 所示。在此过程中，人力资源信息化也随着技术的不断迭代在向前发展着，同样经历了四个阶段，如图 8-2 所示。

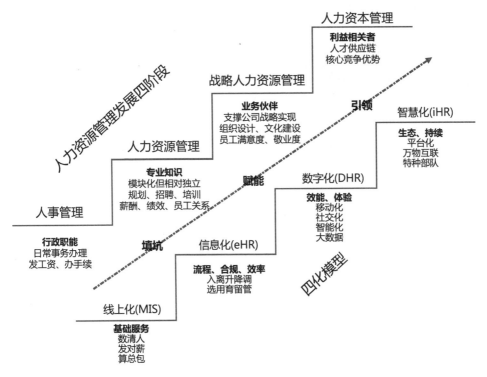

图 8-1 人力资源管理的四个发展阶段

读者可以参考四化模型，对照各自企业人力资源管理工作发展的不同阶段，思考数字化蓝图，寻找数字化快速迭代路径，不断探索与突破，助力业务发展与转型。

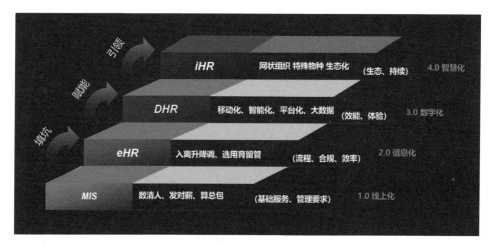

图 8-2　人力资源信息化的"四化模型"

一、1.0 阶段：线上化

人事管理阶段的特征主要是行政职能，关键词是"办手续"。在这个阶段，人事部主要处理日常事务，其中大多是琐碎事务。工作内容包括办理入职、日常考勤、工资发放、办理离职、开证明等。

处于人事管理阶段的企业对信息技术的要求是实现人事服务的线上化，这就是人力资源信息化的初级阶段：1.0 线上化阶段（MIS）。管理信息系统（Management Information System，MIS）就是将人力资源各个模块从线下搬到了线上。这个阶段的工作主要是满足人事服务的线上处理需求，如提供算薪、缴纳社保公积金、入离调转等基础服务，核心是实现薪酬的自动计算，关键词是"数清人、发对薪、算总包"。数清人即通过报表准确地统计出公司员工的基本构成与分布情况；发对薪即通过系统正确地计算并发出工资、奖金；算总包即能够统计出集团总部、各事业部及分公司的人员编制预算与人力成本。

二、2.0 阶段：信息化

人力资源管理阶段的主要特征是强调以"工作"为核心，关键词是"六大模块"，该阶段更看重如何通过六大模块使员工能够胜任岗位要求并高效地完成工作。六大模块是指人力资源规划、招聘、培训、薪酬、绩效、员工关系，各个模块之间是相互独立的。1993 年，中国人民大学劳动人事学院率先将人事管理专业改为人力资源管理专业。从那时起，中国企业也开始从人事管理转向人力资源管理。1997 年，戴维·尤里奇提出了三支柱模型，即 HRBP、HRCOE、HRSSC。由此推动中国人力资源管理经历了一个快速发展、创新与变革的时期，三支柱也随着时代发展及技术驱动不断地演变与发展着。

处于人力资源管理阶段的企业对信息技术的要求是实现人力资源管理的信息化，即大家常说的 eHR，这个阶段的关键词是"流程、合规、效率"，此阶段人力资源的主要业务流程就是十个字：入离升降调、选用育留管。人力资源信息化就是要从人力资源管理的全生命周期出发，进行业务流程梳理与诊断、流程再造设计与优化，链接与集成人力资源业务活动中的各种信息，实现人力资源内外部信息的共享和有效利用，各个模块要互联互通，流程与系统要实现端到端打通，确保业务流程合规，提升整体运营效率，满足管理诉求。

在此阶段，HRSSC 开始利用系统提升服务效率，如很多头部企业利用技术手段升级改造了 HRSSC，打造了一站式服务平台，目标是简化流程、提升效率。

三、3.0 阶段：数字化

战略人力资源管理阶段的特征是人力资源部逐渐成为业务部门的战略合作伙伴，其目标是支撑企业战略目标的实现，关键词是"三支柱"，HRBP、HRCOE、HRSSC 都要围绕组织、人才、文化来支撑企业战略，实现业绩增长，如图 8-3 和图 8-4 所示。在此阶段，人力资源副总裁（HRVP）等角色开始出现，并进入企业核心管理层，使人力资源管理工作对业务产生了一定的影响。

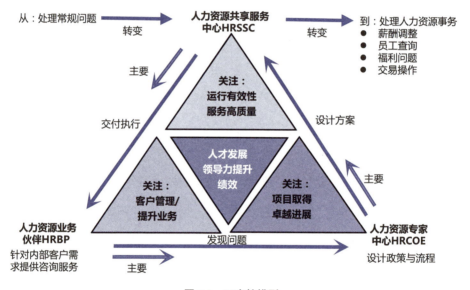

图 8-3　三支柱模型

处于战略人力资源管理阶段的企业对信息技术的要求是实现人力资源的数字化（DHR）转型，关键词是"组织效能、用户体验"。该阶段对人力资源部的要求是明确数字化思维与认知。

数字化转型是利用数字化技术和能力驱动组织商业模式创新及商业生态系统重构的途径与方法，目的是实现业务的转型、创新与增长。数字化转型的核

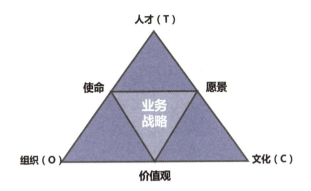

图 8-4 三支柱支撑企业的业务战略

心是业务转型，技术是数字化转型的基石，简言之，数字化转型就是企业利用技术彻底改变经营业绩。

人力资源数字化就是利用数字化技术和能力重塑组织、人才与文化，促使企业业务实现快速增长，如图 8-5 所示。

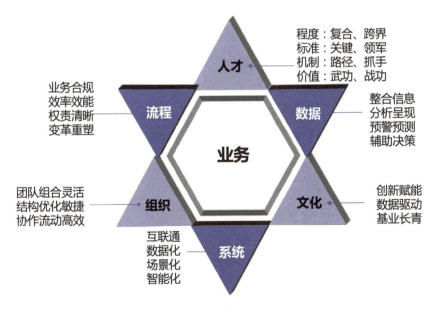

图 8-5 人力资源的数字化转型

　　人力资源数字化可以从流程、系统、数据及用户体验四个层面来支撑组织、人才及文化。首先，流程需要合规高效、权责清晰；系统需要做到互联互通，兼具数据化、场景化、智能化；数据需要整合信息、分层呈现，从而达到预警预测、辅助决策的效果；用户体验则需要贯穿整个人力资源管理的生命周期，在设计流程、打造系统的同时将其融入其中。

　　随着大数据时代的到来，不确定性因素逐渐增多，企业面临着更为复杂的挑战，这就要求人力资源部能提供全方位的服务。例如，利用数字化技术重塑人力资源业务流程，构建一个全感知、全链接、全场景、全智能的数字平台；通过大数据分析进行预测预警、辅助决策，助力人力资源转型，加速业务发展。人力资源数字化是信息化的加速升级，将数字化的信息进行整合加工，通过多维分析、主题分析、预测分析为企业决策提供有效的数据支撑。数字化阶段的特点是移动化、智能化、大数据、云服务（如图 8-6 所示），目的是提高用户体验、全面提升组织效能。

图 8-6　数字化 HR 平台架构

数字化（DHR）阶段加速了三支柱的发展和系统落地，AI 微应用开始在各种场景中实施，如一站式服务平台、机器人客服、简历职位智能双推、智能背景调查、机器人面试、合同电子签、AR 培训、自助服务、人才画像、智慧大屏等。当然，每家企业的基因及发展历程不同，无论如何重塑三支柱，目的都是帮助企业实现业务的战略目标。

四、4.0 阶段：智慧化（智慧 HR）

人力资本管理阶段的特征是把人才当作资本来管理，目标是实现企业发展过程中持续的人才供应，人才管理与组织能力已经成为企业的核心竞争优势，此阶段的关键词是"生态"。通常来讲，处于此阶段的企业已基本具备三条曲线的业务发展路径：第一条曲线是企业成熟业务，确保现金流；第二条曲线是企业发展中业务（即成长业务），产品或服务具备随时升级的潜力；第三条曲线是未来业务，探索未来趋势，使企业处于抢跑位置。这三条曲线的组织、人才、文化战略也是不同的，如表 8-1 所示。与此同时，人力资源领域专家们的观点也在发生变化：戴维·尤里奇将人力资源胜任力从六脉神剑（2007 年）不断迭代为九大角色模型（2016 年），拉姆·查兰也从"分拆人力资源部"（2014 年）转向"C3 模型"（CEO、CFO、CHRO）（2019 年）。中国企业的快速发展同样迫使中国的人力资源管理不断突破、不断进化。2017 年可以被看作是中国人力资源管理实践的元年和分水岭，2017 年之前中国人力资源学者看国外、学国外，2017 年之后转向观察、学习国内头部企业的人力资源管理实践，尤其是向头部互联网企业学习。

表 8-1　企业三条曲线的业务发展路径

业务　＼　HR	组织	人才	文化
成熟业务 （第一条曲线）	✓ 稳定架构	✓ 领军人物 ✓ 培养＞招聘 ✓ 人才梯队	✓ 多元文化 ✓ 求同存异
成长业务 （第二条曲线）	✓ 敏捷架构	✓ 独当一面 ✓ 招聘＞培养 ✓ 绩效管理	✓ 变革文化 ✓ 跑马圈地
未来业务 （第三条曲线）	✓ 扁平架构	✓ 多面手 ✓ 怪才奇才	✓ 生存文化 ✓ 转型探索

此阶段的人力资源管理也开始进入智慧 HR（iHR）阶段，智慧 HR 是数字化的高级阶段，关键词是"智库"。如果说信息化、数字化解决的是"点、线、面"的问题，那么随着大数据与人工智能的深入应用，智慧 HR 考虑的则是"体"的问题，它可以使"入离升降调、选用育留管"的各个环节具备灵敏感知能力、自适应学习能力和预测判断能力，同时将各场景下的管理实践通过"神经网络"触达并输送到大脑中枢，结合管理实践给出行动建议，最终形成智库。业务生产数据，数据驱动业务，二者不断迭代、循环上升。本阶段的特征是网状组织，目的是建立生态型组织，并可持续地支持企业多条曲线良性循环发展。

智慧 HR 提供了类似中后台能力的平台，如图 8-7 所示，集成了人力资源业务中台与数据中台，以小快灵、敏捷的小团队应对各种不确定性，通过神经网络洞察秋毫，发挥生态效能，赢得连续优势。

当然，每家企业的发展阶段不同，信息化程度也会有所不同。那么，人力资源的数字化转型能否在较短的时间内实现从线上化到信息化，再到数字化，最后实现智慧化的快速迭代升级呢？答案是肯定的，因为路径是清晰的。智慧 HR 平台可以通过两条连续的曲线实现穿越式敏捷迭代：第一条曲线是从"填坑"到"赋能"的穿越迭代，第二条曲线是从"赋能"到"引领"的穿越迭代，如图 8-8 所示。

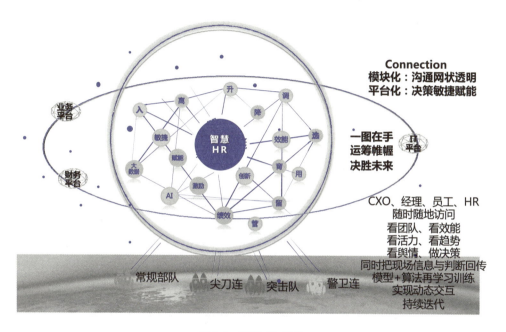

图 8-7 智慧 HR 平台

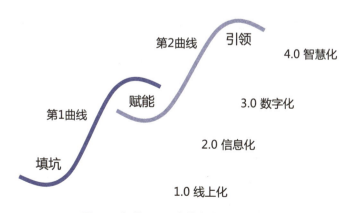

图 8-8 智慧 HR 平台的穿越式敏捷迭代

第二节　大数据分析成熟度模型

一、Bersin 人才分析成熟度模型

人力资源研究公司 Bersin & Associate（现属于德勤公司）于 2012 年推出的人才分析成熟度模型分为四级（如图 8-9 所示），各级含义如下。

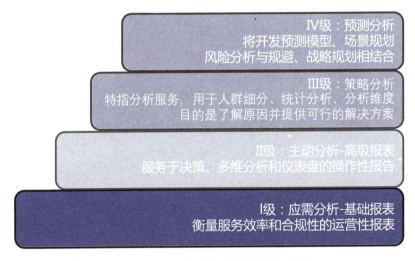

IV级：预测分析
将开发预测模型、场景规划
风险分析与规避、战略规划相结合

III级：策略分析
特指分析服务，用于人群细分、统计分析、分析维度
目的是了解原因并提供可行的解决方案

II级：主动分析-高级报表
服务于决策、多维分析和仪表盘的操作性报告

I级：应需分析-基础报表
衡量服务效率和合规性的运营性报表

图 8-9　人才分析成熟度模型分级示意图

1. I 级：应需分析

本层级是基础报表，是衡量服务效率和合规性的运营性报表，典型的应用如下：

（1）建立统一的数据字典：有统一的文档，明确数据源头、获取方式、定义、计算的细节等；

（2）建立红、黄、绿可视化仪表盘：报表展现了人员构成与基本结构。

2. II 级：主动分析

本层级是高级报表，是服务于决策、多维分析和仪表盘的操作性报告，典型的应用如下：

（1）改善多样性常规监测：建立常规监测体系，从招聘、识别、选拔、任用、晋升、激励、保留、流失等方面衡量企业的人才构成是否足够多样；

（2）建立标准，积累趋势数据：通过对比分析（如员工保留率、员工尽职调查、人员向上流动性等均低于标准值，则说明企业处于低迷状态）说服管理者增加投资；

（3）为管理者建立红、黄、绿绩效管理数据，用于动态比较本团队和类似水平团队的绩效等。

3. III 级：策略分析

本层级特指分析服务，用于人群细分、统计分析、分析维度，目的是了解原因并提供可行的解决方案。典型的应用如下：

（1）高潜力候选人分析：用一套算法就可以预测哪些候选人在入职后将有高绩效潜力；

（2）高绩效员工价值量化：主管可以看到诸如"A"比"B"强 N 倍的数字，帮助主管预测谁将会成为人才；

（3）鼓励协作的工作场所设计；

（4）构建数据的可视化能力，用业务语言阐述分析结论；

（5）为销售团队建立高绩效候选人识别模型；

（6）用量化数据衡量经理人管理人才的能力，包括驱动、激励、改善绩效、保留等。把对经理人管理能力的考评融合、量化成为一个指数。

4. IV 级：预测分析

本层级将开发预测模型、场景规划、风险分析与规避、战略规划相结合。典型的应用如下：

（1）支持组织结构设计，用可视化方法观测管理幅度、人才流动模式，考量人才向上晋升或左右流动是否灵活；

（2）支持人员编制预算，分析内部人才迁徙，洞察外部劳动力市场；

（3）从岗位职能、项目、技能、特殊专业知识等方面，面向企业的未来业务远景制定规划，结合全球经济态势进行分析，对企业未来的人才缺口做好储备；

（4）百度的智留辞，这是百度公司针对关键人才保留设计的离职预测模型。

二、DIKW 金字塔模型

在信息管理、信息系统和知识管理学科中，最基本的模型就是数据信息知识智慧模型（Data-Information-Knowledge-Wisdom，DIKW）。DIKW 模型是金字塔式结构，如图 8-10 所示。这一模型既体现了数据（Data）、信息（Information）、知识（Knowledge）和智慧（Wisdom）之间的关系，还展现了数据是如何一步步转化为信息、知识，乃至智慧的。

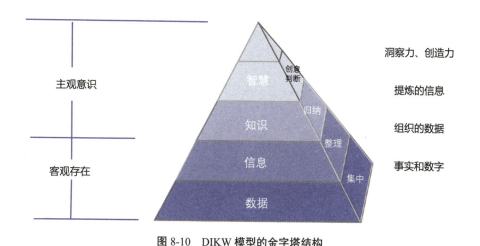

图 8-10　DIKW 模型的金字塔结构

　　金字塔模型的底座最大，这一层是数据。数据（Data）在拉丁文中的原意是事实和已知。数据是一种原始的记录，没有经过加工和解释，反映了事物的客观状态，数据之间是分散和孤立的。

　　对数据进行系统组织、整理和分析之后得到信息。信息具有明确的目的性和使用性，能够回答"谁（who）""什么（what）""地点（where）"和"时间（when）"等问题。信息是数据上面的一层，来源于数据并高于数据，信息把特定的、孤立的数据联系了起来，数据和信息都是客观存在的。

　　在 DIKW 金字塔模型中，数据和信息的上层是知识。知识体现了信息的本质、原则和经验，能够指导任务的执行与管理，进行决策并解决问题。从数据到信息再到知识的过程，是数据不断变得有序、不断得到验证，并最终揭示固有规律的过程。

　　智慧是 DIKW 金字塔模型的最高一层。智慧是在知识的基础上形成的对事物的深刻认识和远见，体现为一种卓越的判断力，人们由此采取策略和行为。智慧是人类区别于其他生物和人工智能的重要特征（至少目前是如此）。知识和智慧都包含了智能的主观意识。

三、DIKWA 模型

在人工智能、大数据时代，人们首先要改变的是对新事物的认知，只有与时俱进、迭代升级才能跟上时代，与业务同频。因此，人们重新学习了 DIKW 金字塔模型，并在前辈的基础上，微创新迭代为 DIKWA 应用模型，如图 8-11 所示。该模型形成了闭环，用于指导并驱动人力资源大数据的应用发展。

大数据分析之路：整合信息、分析预测、做出判断、采取行动

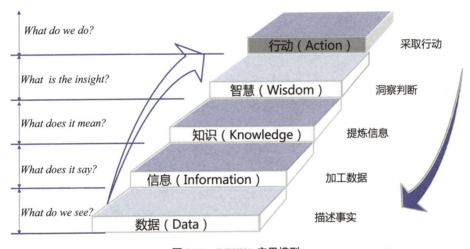

图 8-11　DIKWA 应用模型

DIKWA 模型与 5W2H 完美结合，诠释了人力资源大数据的应用之路，即整合信息、分析预测、做出判断、采取行动。

● Data 即数据，在拉丁文中的原意是事实和已知。数据是一种原始的记录，没有经过加工和解释，反映了事物的客观状态，数据之间是分散和孤立的，描述的是客观事实。表 8-2 是某公司员工张三的基本数据示例。

表 8-2　某公司员工张三的基本数据

姓名	性别	学历	出生日期	部门	级别	上次绩效
张三	男	硕士	1990/03/01	研发部	P7	B+

- Information 即信息，把特定的、孤立的数据进行加工、整理之后得到信息，数据和信息都是客观存在的。信息具有明确的目的性和使用性，能够回答"谁（who）""什么（what）""地点（where）"和"时间（when）"等问题。表 8-3 是某公司员工张三的绩效与奖金信息示例。

表 8-3　某公司员工张三的绩效与奖金信息

姓名	司龄系数	绩效	奖金系数	目标奖金系数	月基薪	奖金
张三	1	B+	1.5	2	30 000 元	90 000 元

- Knowledge 即知识。知识是对信息的提炼和归纳，体现了信息的本质、原则和经验，能够指导人们执行与管理任务，并进行决策和解决问题。通过数据挖掘，从数据中发现隐藏的趋势和不同寻常的关联规则就属于知识层面。从数据到信息再到知识的过程，是数据不断变得有序、不断得到验证，并最终揭示固有规律的过程。这一步主要回答"如何（How）"的问题。图 8-12 是进行人力资源各个模块相关性分析的示例。

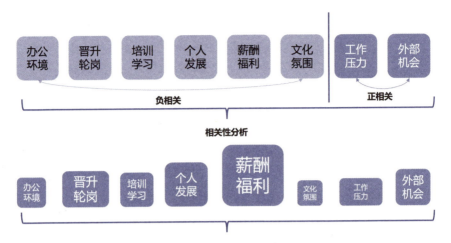

图 8-12　进行人力资源各个模块的相关性分析

- Wisdom 即智慧。智慧是在知识的基础上形成的对事物的深刻认识和洞察，体现为卓越的判断力，人们由此制定策略和建议方案。知识和智慧都包含了智能的主观意识。人们通过数据挖掘、相关分析得到隐含的各种趋势，如离职预测、发展潜力、管理风险等。这一步主要回答"为什么（why）"的问题。图 8-13 是盘点绩效与能力的九宫格示例。

- Action 即行动。在智慧洞察的基础上，人们得到了几个解决方案，至于哪个方案更有效果，人们需要根据当时的情景做出决策，并采取正确的行动。当然，行动之后还要复盘，分析执行效果，并反馈到系统建设数据埋点，从而形成闭环。这一步回答的是"多少（How much）"的问题。

表 8-4 是离职预测人才保留的示例表，HR 从业者可根据智慧洞察采取有效行动。

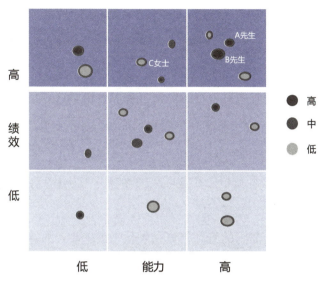

图 8-13　盘点绩效与能力的九宫格示意图

表 8-4　离职预测人才保留的示例表

员工姓名	风险指数	风险度	重点保留	继任人选	行动建议
A 先生	0.88	高中	Y	张三	轮岗
B 先生	0.83	高 +	Y		激励措施
C 女士	0.75	高	N	李四	替换
D 先生	0.41	中			
E 女士	0.34	中			
F 女士	0.22	低			
G 先生	0.09	低			

四、大数据分析的四个层次

第一个层次是描述性分析。在这个层次要解决"发生了什么"这个问题，也就是对客观事实进行描述，分析结果要能够回答"谁（who）""什么（what）""地点（where）"和"时间（when）"这几个问题。对应的是 DIKWA 模型中的数据和信息层。

【延伸】大部分企业的人力资源分析报表都停留在这一层，这就是企业管理者总是对 HR 从业者的工作感到不满意的原因：HR 从业者告诉管理者的都是后者已知的事实。

第二个层次是诊断性分析。在这个层次要解决"为什么会发生"这个问题。对应的是 DIKWA 模型中的知识层。

【延伸】此时业务部门的管理者开始关注 HR 从业者的意见，因为后者可以帮助业务部门厘清事情之间的关系。

第三个层次是预测性分析。在这个层次要解决"什么可能会发生"这个问题，HR 从业者运用统计、建模和数据挖掘等技巧，通过分析现有数据和历史数据发现规律并预测未来。分析的结果要能够回答"如何（How）""为什么（Why）"这两个问题。对应的是 DIKWA 模型中的智慧层。

【延伸】到了这个层次，业务部门的管理者已经离不开人力资源部的支持了。

第四个层次是处方性分析。在这个层次要解决"该做些什么"这个问题。HR 从业者将在描述性分析和预测性分析两个层次积累的经验，用于为业务部门提供建议和解决问题的方案。在这个分析过程中，HR 从业者需要考虑问题的背景、商业规则、计算机建模和算法等。对应的是 DIKWA 模型中的行动层。

【延伸】从此，人力资源部与业务部门真正形成了伙伴关系。

以上四个层次的分析逻辑清晰、层层递进，如图 8-14 所示。在此之后，HR 从业者就可以对企业管理者的决策和行动提供有力的支撑了。

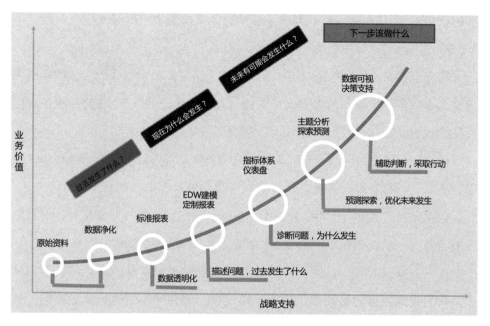

图 8-14　大数据分析的四个层次

五、人力资源大数据预测的三个应用层面

我们在医院体检时就会发现，虽然化验血常规和做核磁这两种检查的形式不一样，但目的都是一样的，就是找出潜在的"病因"，请医生对症下药。人力资源管理者要用大数据技术找出"病因"，为企业管理者提供解决方案，这个工作有以下三个应用层面。

第一个层面，HRBP 相当于医生，拿到大数据预测报告后结合自己对员工的了解开出"处方"。

第二个层面，建立员工标签体系，分为官方标签（HR 专员、HR 主管赋予的标签、获得的奖惩）、民间标签（互评）和隐形标签（大数据分析行为得到的结果）。大数据技术与标签体系相结合，直接为 HRBP 输出建议报告，即"处方"。

第三个层面，建立神经网络体系，利用人工智能技术在合规合理的范围内建立人才数据分析模型及决策支持系统，直接开出"处方"（此时系统平台建设已经到了智慧 HR 阶段，已形成人才智库）。

将这三个层面的应用概括起来，就是 HR 从业者可以在人力资源规划、招聘、员工学习与发展、绩效管理、薪酬与激励体系、员工福利与服务等方面，有效运用大数据思维与技术展开探索和实践；通过数据挖掘与建模分析，预测未来趋势，为人力资源决策提供辅助支持，有效体现大数据的价值。

进入大数据时代后，人们的思维方式也发生了根本性的变化。例如，过去，我们收集数据的形式都是采样，而现在，大数据选用的是全量数据；过去，采样时要求个体数据很精确，而现在，大数据可以接受混杂性，因为它更关注的是有效性；过去，数据分析的方式是事先提出一个因果假设，然后收集数据、通过分析来验证假设，而现在，大数据讲求的是从大量数据中找出相关关系。

客观地说，到今天为止，大数据的处理和分析技术仍处于"盲人摸象"的阶段。你可能摸到的是"腿"，他可能描述的是"鼻子"，虽然结果正确但都是局部，而不是全貌。随着大数据技术的不断进步和越来越多的活而全的数据源出现，人们探索到的内容将无限接近事实与真相。人们越能获得更深邃的智慧与洞察，就越能体现大数据真正的价值。

第三节　大数据指标体系与标签体系

一、数据在人力资源数据化管理中的五个作用

人力资源数据化管理的核心是利用数据。数据化管理并非只是以数据体现结果，而是充分提高数据的利用率，让数据在监控、预测、预警等各个方面展示作用。具体来说，在人力资源数据化管理中，数据具备以下五个作用。

1. 描述组织人力资源状态、组织和个人工作情况

描述性数据在人力资源工作中的应用最为广泛，主要用来描述组织的人力资源状态、组织和个人的工作情况。它是对现实情况的一种客观描述，通过将实际数据与理论数据或多个实际数据进行对比，可对工作产生一定的指导意义。在 HR 从业者的各种总结汇报中，描述性数据占绝大部分，更有甚者会全部采用描述性数据。描述性数据一般采用绝对数值、平均值、百分比等，如企业员工总数、部门人员分布、员工结构情况、薪酬发放情况、招聘人数及分布、培训场次、培训人数、培训费用等。

2. 体现组织和个人绩效情况

HR 从业者通过对比实际绩效与期待绩效的差距，实现绩效的持续性改进，提高组织和个人绩效。这一类数据多以百分比的形式出现，也会采用平均值、绝对数值的形式，如招聘完成率、平均培训学时、员工离职率、平均招聘周期等。

3. 让数据发挥监测预警作用，及时改进工作

让数据发挥作用，不仅是指利用数据反映过去和现在的工作情况，而且需要让数据发挥监测和预警作用，及时发现达到临界值的数据，促使人们及时调整工作。例如，数据可以监测费用的支出情况，让管理者随时调整开支；数据可以预测员工离职情况，让管理者随时调整用工对策，从内部查找原因，从外部寻找人才。

4. 让数据的预测作用发挥出最佳效果

数据预测是指通过对数据的分析、归纳，找出数据的规律性或关联性，为工作和决策提供有力的支持。人力资源管理工作中积累的数据越多，管理者就越有可能得到准确的预测。例如，为了达到明年的目标产值，管理者通过汇总历年生产车间的产值和员工人数，就可以预测出车间需要的员工人数；在数据足够丰富、多元的情况下，管理者可以通过绩效、考勤、日常工作表现等数据预测出员工的离职情况。

5. 让数据体现效能效益

企业人力资源管理工作的成效最终将落在人力成本的投入产出比上，这就需要人力资源部和财务部的三表连接，用于分析人均销售额、人均利润额、人事费用率、人工成本利润率等。与主观性、经验性的判断相比，数据化的结果可以让人力资源管理工作更加准确、清晰。

人力资源数据化管理就是管理者要综合使用多种数据，从个人数据到组织数据，从过去数据到未来预测，从静态数据到动态数据，等等。管理者可以按照不同周期检验人力资源数据化管理的工作成果，但必须随时关注数据动态，一旦发现问题就要及时纠正，要让数据真正参与到管理决策工作中来。

二、人力资源大数据的 How

人力资源大数据可分为系统层、数据层、分析层、展示层（可视化层），如图 8-15 所示。

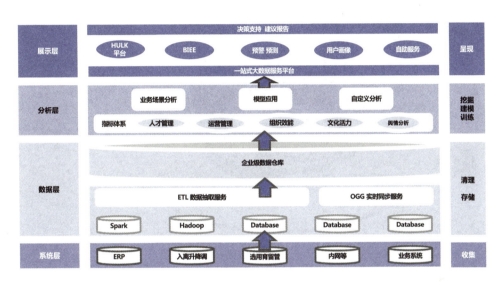

图 8-15 人力资源大数据的四个层级

1. 系统层

系统层是基础，是"入离升降调、选用育留管"的基础建设，如图 8-16 所示；也可以理解成数据收集层，数据埋点、信息收集、流程优化、系统迭代等都在该层实现。这就要求各个系统是互联互通的，数据是动态的端到端流转。事实上，百度除了 Core HR 之外，还外挂了几十个自己开发的系统。这些系统之间怎么实现互联互通，数据怎样自动流转并确保是唯一的数据源，都是百度目前要解决的课题。同时，人力资源大数据平台还需要与相关的业务系统打通连接并进行数据交换；否则，这个平台上就只有人力资源管理数据，数据既不够完整，也无法帮助企业产生更大的效能，充其量就是做个参考而已。当然，目前很多公司的内部数据交流还是存在壁垒的，只有打破这些壁垒才能真正做到大数据分析。

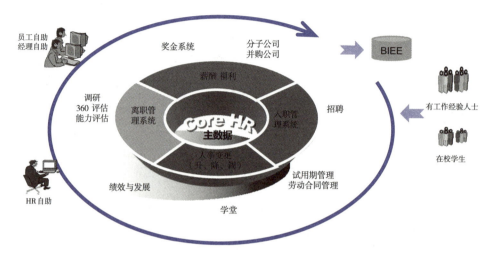

图 8-16　人力资源大数据平台的系统层

2. 数据层

数据层包含对数据的清理、处理、提取、存储、标签化等。该层处理的数据既包含结构化数据，也包含大量的非结构化数据，如图 8-17 所示。

在数据加工的过程中，管理者会发现缺少了很多数据，这就需要反刍到系统完善优化上，一旦发现哪里需要埋点收集数据，就要该补的补、该建设的建设。所以，系统层与数据层是相辅相成的关系，系统沉淀数据，数据反刍系统迭代，两者螺旋上升、互相促进。

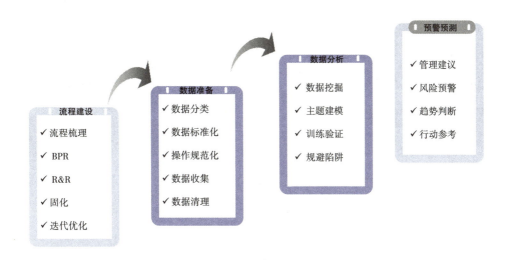

图 8-17 人力资源大数据平台的数据层

3. 分析层

分析层包含主题分析、自定义分析等，指标体系建设、模型建设也在此阶段完成。根据过去的数据，通过分析建模和机器学习，HR 从业者就可以找出其中的关联关系，而不是像过去一样先假设再印证。HR 从业者通过及时观察、分析今天的数据，及时调整模型，让数据真正发挥预测、预警的功能，为管理者制定决策提供可信的依据。

"才报"系统由人才管理、运营管理、组织效能、文化活力、舆情分析五大维度的 200 多个指标组成，涵盖了人和组织的分析维度及所有人力资源职能的衡量维度，如图 8-18 所示。其中，人才管理和运营管理的指标更多是涉及人力资源职能的分解，文化活力与舆情分析的指标则是利用大数据技术分析员工在工作、学习、生活、发展等层面的影响因素，组织效能则会通过一些组织发展工具提取不同业务团队的有关组织目标。

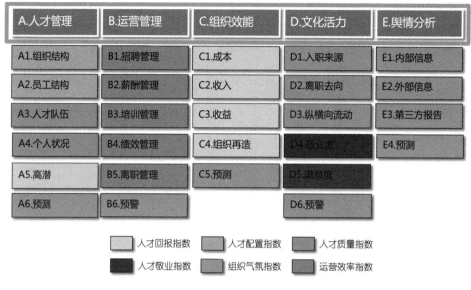

图 8-18 "才报"系统的组成示例

4.展示层（可视化层）

本层主要为管理者（CXO、经理）、HR 管理者（HRBP、HRCOE）提供给各种分析报表（如定制报表、组件化分析报表、基础报表）、用户画像（如人才画像、组织画像）、报告建议（如体检报告、诊断报告、辅助判断）等。例如，红绿灯仪表盘包括核心人才离职率、关键人才占比等；又如，通过播放器的形式动态展示调入调出、升降调转等图表。人才迁徙图可以展示人才的来源、人才的发展、人才的流失等场景。在人才发展层面还可以看到个人全景图，HR 从业者可以对人才进行比较，分析每个人的特点和每个人完成绩效指标的情况。数据的预测功能包括关键人才的离职预测、核心人才的风险度预测、高绩效的趋势预测、团队健康度的评估与组织活力的趋势预警、团队协作趋势、舆情监控等，并能输出诊断报告。这些功能同时支持数据下钻，并能导出数据或可视化图形，用于二次加工与分析判断等。

三、人力资源大数据产品的发展变革

人力资源大数据产品已经历以下四个时代，如图 8-19 所示。

1.PC 时代。基本采用商用套装软件，使用的是套装标准报表。

2.PC 互联网时代。标准报表也可以定制化，以满足业务多维度分析的要求。

3. 移动互联网时代。开始使用大数据技术分析、预测业务发展趋势，同时报表的可视化结果越来越有效，越来越能反映企业的业务发展现状与未来趋势。

4.AI 时代。进入人工智能时代之后，用户画像、对话机器人、语音与图像识别等技术纷纷应用于人力资源管理领域，助力企业的业务发展实现更大跨越。

图 8-19　人力资源大数据产品的发展变革

　　数据主要服务于四类角色，一是高管，二是经理，三是员工，四是 HR 从业者，如图 8-20 所示。高管可以做到一图在手，人才信息尽在掌握；一表在手，使数据分析结果为决策建议提供参考。经理在业务一线无需投入太多的精力关注人员的日常管理工作，系统可以提供及时的服务，让流程、审批化繁为简。员工可以实现工作、学习、文化、生活四位一体，随时随地开展碎片化、游戏化学习，获得周到、温馨、便捷、有效的共享服务。HR 从业者可以建立统一的工具知识库，打造有战斗力、创新性强的人力资源管理团队。

图 8-20　数据服务的四类角色

第四节 智慧 HR 平台架构

一、智慧 HR 平台

人工智能技术对人力资源工作的最大贡献将是打造智慧 HR 平台。智慧 HR 平台一旦建成并付诸实施后，人力资源三支柱可能只剩下两支柱：其一是 HRBP，他们与业务部门"并肩作战"；其二是 HRCOE 与 HRSSC 合二为一，形成强大的解决方案中心与服务保障中心，全方位支持员工、经理、管理层、HRBP 等的工作。

智慧 HR 平台将融合所有人力资源专家与高级管理者的管理实践案例，通过建模与机器学习，逐步形成一个可调用的智慧知识库，替代初级的 HRCOE，并帮助专家型的 HRCOE、HRBP 和管理者进行基础分析与判断。

HRBP 将深入一线，借助各种人工智能设备采集信息，如利用语音识别技术整理谈话内容，并将信息反馈给智慧 HR 平台。该平台对已有信息进行运算加工后，再将分析后的信息反馈给 HRBP，为 HRBP 采取后续行动提供依据。以作战部队的战术安排举例说明，通常前线作战时，由三个人组成一个小组，在这三个人中，有一个非常强的通信与分析专家（即 HRCOE），随时与后台保持联系；另一个是武器和战斗专家（即 HRBP），熟悉各种武器及战况；最后一个是救生救援和后勤保障专家（即 HRSSC）。这个小组空降到目的地之后，将调用无人机进行实地侦察或现场摸排，通信专家把现场的所有情况及临时判断信息传回后台，呼叫后台发射一枚导弹除掉山头的据点，或呼叫后台空投合适的武器装备。这就要求该作战部队的后台分析与指挥系统非常强大。智慧 HR

平台就是这个"后台"。智慧 HR 平台可以让听得见炮火的人的指挥更加有效，如图 8-21 所示。

让听得见炮火的人呼叫炮火

图 8-21　智慧 HR 平台的作用

要想实现以上愿景，智慧 HR 平台就必须有强大的数字化技术作为支撑，同时企业移动化的整体水平需要达到一定的程度。目前，最大的困难还是数据，首先是数据量远远不够，而人工智能只有借助足够多的数据才能发挥威力；其次，数据须来源于各种设备的无感知采集，这部分的难点还是挺多的；最后，如何让数据发挥作用和价值，也是人力资源管理者下一步的重点工作。

这是一个多变、不确定、未知的时代，面对复杂的场景，智慧 HR 平台不仅需要有强大的实时分析后台作为支撑，人力资源管理者也要不断进步、适应变化，与时代同行，创造出更大的价值。

二、智慧 HR 平台实现路径解码

1. 智慧 HR 平台的整体规划与实现路径

人力资源业务战略规划一般由企业的使命（Mission）、愿景（Vision）、价值观（Values），即通常所说的 MVV 推导而来，再经过对组织、人才、文化三个方面的布局，落实各自的组织项目、人才项目及文化项目，完成从组织头部到腰部再到腿部的全面贯通。人力资源数字化规划需要在企业政策、制度、规范的指引下，整体把控流程、系统、数据，并实现客户价值，从而助力人力资源战略目标的实现。

很多企业的人力资源部也有自己的使命、愿景、价值观，根据 MVV 可以推导出人力资源战略（Strategy），同时人力资源战略也会承接企业战略。人力资源战略由两部分组成：一是从企业战略分解而来的战略；二是由人力资源部的 MVV 推导而来的战略，主要内容涵盖了组织、人才、文化、领导力和系统五大方向。人力资源战略还可以推导出人力资源的政策、机制和规范。

流程、系统、数据、体验是人力资源数字化、智能化的四大维度，四者互相关联、缺一不可。流程梳理包括"入离升降调"，系统建设辐射"选用育留管"。有了流程和系统，再上层就是数据平台沉淀的数据，包括数据模型、指标体系、管理场景，从而形成人才画像、组织画像、分析诊断、预警预测、辅助判断。

智慧 HR 平台的客户是决策层、经理层、员工、HR 从业者，最后是确立核心目标，即实现人力资源数智化。赋能管理者、提升用户体验也是智慧 HR 平台的价值所在。

实现人力资源"四化"的完整路径，如图 8-22 所示。

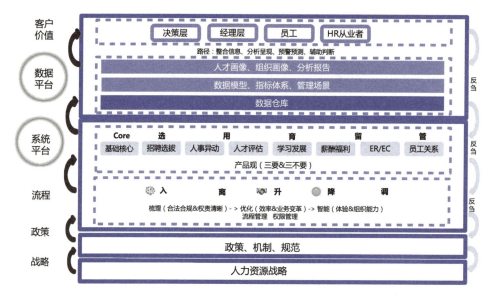

图 8-22　实现人力资源"四化"的路径

2. 自主研发 DHR 平台的挑战和破局

企业是否需要自主研发 DHR 平台一直是个颇受争议的话题。随着业务的扩展及未来产业的开拓，企业朝着集团化、全球化、多业态的方向发展，扩大自主研发的力量已成为必然，如图 8-23 所示。

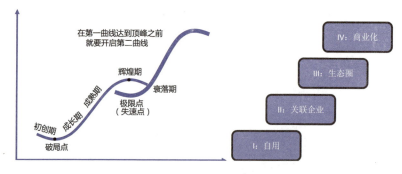

图 8-23　自主研发 DHR 平台的挑战

企业在 DHR 的自主研发方面，应摸清变与不变的关系，把握不变的底层逻辑，在可变的层面做好探索，如图 8-24 所示。在系统自主研发的尝试过程中，各个系统之间容易形成"数据孤岛"。要想避免出现"烟囱建设"，企业可在顶层设计阶段提前进行数据集成平台的规划，并有意识地进行公共服务的提炼，在代码层面不断沉淀可复用组件，并搭载智能门户入口、数据治理机制和安全管理机制，从底层架构层面消除"烟囱"，形成一个个敏捷高效的微服务、轻应用。

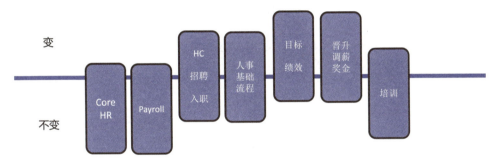

图 8-24　DHR 平台自研的破局

3. 数字化人才的画像

数字战略，人才先行。那么，在人力资源数字化转型的进程中，具有哪些特质的数字化人才才是推动企业 DHR 平台建设的加速引擎呢？数字化人才的核心技能是同时掌握技术和业务，并兼具数据分析、用户体验和产品思维等能力，如图 8-25 所示。

图 8-25　数字化人才的画像

致 谢

本书的写作历时将近三年，虽然利用假期时间码字异常辛苦，但是我非常想把这本书写出来。因为这本书既是我对过去的工作实践进行的梳理与沉淀，也是我对 HR 数智化的未来方向与实现路径的思考。如果这本书能给同仁们带来一点点帮助与启发，我就感到非常欣慰了。

在这本书写作的过程中，老师们、朋友们的鼓励与帮助，以及家人的支持让我可以坚持下来。

首先，我要感谢百度公司以及曾经一起战斗的同事们。在百度八年半的时光里，我们一起经历了线上化、信息化、数字化、智慧化四个阶段，不断探索前沿与应用新技术。2014 年，我们开始探索大数据技术在人力资源领域的应用；2016 年，我们开始探索人工智能在人力资源领域的应用；2017 年，我们提炼形成了"四化模型"。在不同的时期，我们打造了很多的经典产品。在此过程中，百度公司的领导、同事都给予了很多无私的指导、帮助与支持，当然还有批评。这都让我受益匪浅，并激励我在数智化的道路上不断成长与进步。在此感谢刘辉、郑绍辉、伍晖、刘建利、樊效、崔芳、徐涓涓、杨洋、何义情、尹亚林、田雅琳、赵宇红、王海波、刘波、王贝、海学森、王文钰、代玲玲、岳莹、任君欣、刘长江、梁硕、谢庚曦、孙一丁等！还有百度公司的新领导、新同事对我的无私关怀与支持，鼓励我继续砥砺前行，感谢崔姗姗、胡曲、肖美阳、许湛冰、张晓晨、孙英丽、石鹤、杜伟等。当然，尤其要感谢的是百度人才智库的熊辉教授、祝恒书博士，在智能化创新研讨与实践中给了我不少的指导、火花与脑力激荡，使我在思想上不断迭代与进化。在此我还要隆重感谢曾一起战斗的合作部门的领导与战友们：李震宇、李涛、陈尚义、顾延、宫雪峰、陈立艳、涂洁、冯俊辉、刘海清、杨鹤、刘勇、张晓亮、贾彦萍、李虹、杨双华、程飞、郭琦、张琦、刘蔚、周雁晨、韩志刚等，谢谢你们！

其次，我要感谢滴滴出行的领导柳青、王艳萍、蔡晓鸥、李森等对我的充分信任与无私支持，让我操刀规划滴滴版"四化模型"并取得第一阶段的胜利。滴滴出行的工作经历让我继续夯实了业务架构、产品架构、数据架构和技术架构，同时在国际化、产品化、商业化方面积累并沉淀了更多的思考与方法，感谢 HR 与 EP 的伙伴们，你们是我永远的朋友。

再次，我要感谢中国人力资源开发研究会智能分会"五人谈"的老师们：刘辉会长、彭剑锋教授、熊辉教授、李直秘书长、祝恒书博士与主持人李蔚，与智者为伍，让我迎接挑战、加速前行。

我还要感谢一下原中国人事科学研究院院长兼人事与人才研究所所长王通讯教授，他在百忙之中不仅为本书写序，而且平时对我不时指导、不吝赐教。我还要感谢"王通讯人才工作室"的特聘专家蒋北麒、胡明、王爱敏、黄秋钧，还有天津大学的潘静洲副教授、国防科技大学的王涛副教授，我们经常在电话里探讨数字化、智能化，你们是我的良师益友，坚定了我在数智化之路上不断探索的信心。

最后，我要感谢从事人力资源数智化并始终在坚守的伙伴们，尤其是 DHR 公会里的朋友们：申刚正、张东超、李想、李强、彭亦周、彭传军、曹星、江莹、张伟峰等，我们像家人一样，一起交流、互相分享、共同提高，让人力资源数智化的未来之路不再孤单，并充满无限想象。

王崇良

2021 年 8 月

参考文献

1. 王爱敏，王崇良，黄秋钧. 人力资源大数据应用实践 - 模型、技术、应用场景. 北京：清华大学出版社，2017.

2. 熊辉，祝恒书. 百度人才智库 - 大数据智能化人才管理.

3. 彭剑锋. 人力资源管理概论（第三版）. 上海：复旦大学出版社，2018.

4. 彭剑锋，张建国. 经营者思维—赢在战略人力资源管理. 北京：中国人民大学出版社，2019.

5. 陈春花，朱丽. 协同：数字化时代组织效率的本质. 北京：机械工业出版社，2019.

6. 吉恩·保罗·艾森，杰西·S. 哈里奥特著. 胡明，邱黎源，徐建军译. 人力资源管理大数据：改变你吸引、猎取、培养和留住人才的方式，北京：机械工业出版社，2017.

7. 戴维·尤里奇著. 孙冰，范海鸿译. 赢在组织：从人才争夺到组织发展. 北京：机械工业出版社，2019.

8. 戴维·尤里奇，贾斯汀·艾伦著. 朱翔，蒋雪燕，陈瑞丽译. 变革的 HR：从外到内的 HR 新模式，北京：机械工业出版社，2020.

9. 戴维·尤里奇，韦恩·布罗克班克著. 朱翔，吴齐元，游金译. 高绩效的 HR：未来的 HR 转型，北京：机械工业出版社，2020.

10. 赵宏田. 用户画像：方法论与工程化解决方案，北京：机械工业出版社，2020.

11. 乔希·沙利文，安吉拉·朱塔弗恩著 . 冯雷，冯瑜，钟春来，金建虹译 . 数字时代的企业进化：机器智能 + 人类智能 = 无限创新，北京：机械工业出版社，2020.

12. 杨国安 . 组织能力的杨三角 . 北京：机械工业出版社，2015.

13. 马海刚 . 双引擎驱动助力打造 HR 数字化战略 . 中人会智能分会 2020 年高峰论坛 .

14. 曹星 . 阿里巴巴 HR 数字化 . 2020 中国 DHR 秋季峰会 .

15. 陈媛 . 百度培训学院游戏化学习项目，2015.

16. 张纯棣 . 智能技术在人才管理应用与展望 . HR 智享会 .2020.

17. 杨淳 . 民生银行 HR 数字化转型实践探索 . 中国 DHR2020 年秋季峰会 .